.com世代的生活便利情報指南

歐巴，我來了！

韓國6大人氣男團
99個首爾追星蹲點 × 撞星美食全攻略

Fion／著

CONTENTS

CONTENTS

❼ 真實就很迷人的 INFINITE

自序　那些追星教我的事

三年前因緣際會到韓國念語言學校，一邊念韓文，一邊在生活中觀察韓國。臺灣有很多人盲目地討厭韓國，也很多人盲目地喜歡韓國。但不可否認的，原本和臺灣並列為亞洲四小龍的韓國，已經擠進 OECD（編按：經濟合作暨發展組織，Organisation for Economic Co-operation and Development）會員國行列，不再把臺灣當作對手。甚至連年輕世代的「哈日」現象，也變成以「韓流」為主流。

為了比較臺、韓的差異，我翻閱了許多研究韓國文化的書，這才發現臺灣對於韓國的研究，真少！要不是大部頭的韓國歷史書，就是學者們莫測高深的評論。明明臺、韓的歷史和文化非常相似，但想要找本書來深入淺出地了解韓國社會、文化、歷史、臺韓之間的淵源，竟得向他國取經，翻譯其他國家的著作了。

在來韓國之前，我一邊工作一邊自學韓文。一部分原因是工作上遇到韓國客戶，想偷聽他們究竟都在討論什麼；一部分則是我喜歡看韓綜《Running Man》，希望有天不看中文字幕，也能夠理解電視上的內容。

學到現在，雖然對韓文還是沒什麼自信，但對韓國演藝圈卻是知道得愈來愈多，還曾因為工作到韓國電視臺走了幾遭，並陪著粉絲等在機場、經紀公司外追星。而為了寫這本書，我花了一年的時間探訪、找資料之外，也跟著藝人們的腳步吃過無數的美食。這六個超人氣音樂男團除了追星難易度不一，在追查他們出沒的蹤跡時，也可發現各自的特色。

跑趴曝光最高

或許是 YG（YG Entertainment）的副業中也有夜店的關係，所以 YG 旗下藝人對於跑夜店這件事表現得還滿自然大方的，BIGBANG 演唱會結束後也會直接在夜店辦售票 After Party，尤其 G-Dragon 因為人脈廣，幾乎首爾各大夜店都有他出沒的紀錄，讓我在篩選店家時苦惱了很久。

影響力最大

藝人家人開的餐廳，貼滿藝人的照片、簽名、粉絲送的禮物算是十分常見的，但就連一般店家也會因為藝人來過而自豪的，非 EXO 莫屬。像是 SCHOOL FOOD 在門口貼海報，幸福韓牛的老闆很愛跟客人說 EXO 是常客。而我在弘大的組暴辣炒年糕遇到一位韓國高中女生，還直接跟我說：「姊姊，妳知道 EXO 在《SHOWTIME》有來過這裡吧？」

最開眼界

我旅遊了十幾個國家，吃過世界各地不少美食，在韓國也嚐過不少韓國料理。但為了此書踩點時偶爾還是會出現「WOW！這是什麼？」然後猛拍照的餐廳，那就是 SHINee 的大韓劇場（韓牛烤肉）和 Jang Sa Rang（韓定食）。剛好這兩間餐廳都有韓國朋友陪我一起去，連他們也食指大動，忍不住拿起相機猛拍呢。

副業最多

Super Junior 成員裡開店的多，而且型態也多樣化（當然也是因為他們成員最多啦）。從常見的咖啡店到餐廳、流行飾品，甚至還有民宿，食、衣、住全都包辦，只差交通就可以一網打盡粉絲的所有需求。其中藝聲最忙碌，經營兩間咖啡店和一個墨鏡品牌，都做得有聲有色，實在不簡單。

最低調

在這幾組天團中，CNBLUE 保密工夫十足，行事又低調，資料非常少，讓我有些傷腦筋。幸好找到了一個超級粉絲，在懇切的拜託之下，獲得一些其他媒體所沒有的情報。

最好吃

造訪清單上的餐廳之後，發現「咦？好好吃！」然後回頭看是哪個團體來過的，常常就是 INFINITE。從韓國日常料理到部隊鍋、炒年糕、烤肉、義大利麵甚至蛋糕，都讓我驚喜連連。印象最深的是石串洞炒年糕，好吃到我想要加盟，自己也來開一間。

為了寫這本書，Fion 親自跑遍上百家店，吃了不少美食，荷包瘦了，皮帶也寬了。我認為，到異國旅遊首重飲食，可以從中體會當地的文化、民俗、物價、地理和歷史。而追星，也有其文化和淵源。這本書很適合當作讀者的第二本韓國旅遊書，帶你從追星的角度觀察，看看粉絲眼中的韓國，究竟是什麼模樣。

1

粉絲追星術
大公開

追星情報來源

　　如果要說追星最重要的是什麼，那一定是「情報」了。不管是藝人的行程，或是出沒的地點，甚至是喜歡什麼樣的禮物，能夠掌握到這些情資，才能追得有效率又徹底。幸好現在網路發達，社群網站又多，粉絲們獲得資訊的管道也愈來愈廣。以下依簡單到進階，提供粉絲們參考。

官方情報

　　韓國明星有三官，官方網站（官網）、官方 Daum Cafe（官咖）、官方後援會（官後）。功能作用皆有類似之處，所以並不是每個藝人皆具備。而每個組織加入的規則也不一樣，有的怕你只是沾沾醬油，加入後還會有「階級」之別，互動、留言、貼文愈多，才能夠升級，獲得更高情報。

　　大部分官網會有英文版本，開放給海外粉絲。但如果是純韓文介面，那就很明顯地是排擠不會韓文的外國粉絲，只能下工夫苦學韓文了。不過很多海外後援會組織，都有專人翻譯，加入中文的論壇或網站就可以獲得這些情報。像金賢重的粉絲就有人做了一款和官網連動的 APP，官網一有更新，APP 的使用者就可以看到中文版。

　　「三官」之外，還要記得追蹤明星所代言的「品牌」，因為偶像常常會配合出席代言品牌所舉辦的活動，有時甚至有近距離接觸的好康福利（通常要購買該品牌的產品才有機會入場）。像是韓國服飾品牌 SPAO，就曾邀代言人 Super Junior 的利特、銀赫、東海來臺舉辦簽名會。

▲加入官方後援會，除了會得到會員卡，還有各種專屬會員禮。圖為 MONSTA X 的會員禮（Rita 提供）。

粉絲聚集的 SNS

　　許多海外粉絲會自主性地幫偶像組織後援會，雖然並非經紀公司所經營，但其實比工作人員還認真更新資訊。除了用 Google 或 Yahoo! 這類入口網站搜尋，Facebook 粉絲專頁、推特（Twitter）、Instagram、微博也都會有後援會的蹤跡。不過更新速度不一，有的勤有的廢，要長時間觀察。

　　另外中國的「百度貼吧」（http://tieba.baidu.com/）的訊息也非常多，只要鍵入偶像名字，就會出現許多「吧」。其實就是論壇，跟臺灣早期的奇摩家族很像。百度的用戶眾多，資訊量自然是比臺灣的論壇大。但也因為人多、資訊雜，常常看很久都看不完，而且常常有很多假情報。這些粉絲團情報來源，很多可能充滿謠言，或是半途而廢，不再更新。要花時間觀察，久了就知道有哪些人或網站是在認真經營，至於那些常給出錯誤情報或沒更新的帳號，就可以刪掉了。

　　Fion 最常用的則是 PTT，它是乍看有點陽春的 BBS 介面，但因為網友素質高、版規嚴，資訊常常整理得簡單好懂，是省時又方便的選擇。只是沒用過的人可能要習慣一下使用的方法，以及學習 PTT 的文化和規則。如果老是問白目問題或只當伸手牌，可是會被其他人炮轟的。

明星個人社群網站

　　社群網站讓粉絲們了解明星的日常生活，跟著偶像的腳步吃喝玩樂也更方便，而且他們三不五時地還會回覆粉絲的留言，所以明星個人所使用的社群網站是一定要追蹤的。韓國藝人比較少用 FB，大部分是用 Instagram 和推特。為了中國市場，不少藝人也開始使用微博。內容不一定一樣，所以還是全部都要追蹤。

　　有些明星還會不小心在網上透露自己的私人生活。像 F(X) 的宋茜就曾被眼尖的粉絲發現，她所上傳的餐點，旁邊的湯匙上面映出東方神起昌珉的臉，被抓包兩人私下約會。雖然宋茜火速刪掉照片，但已經被無數網民給備份，逼得公司不得不出來發表聲明澄清。

明星親友、工作人員的社群網站

　　其實偶像也知道粉絲們都在密切觀看他們的社群網站，貼文都會格外小心。但是明星的親友就不一定這麼有 sense，很多藝人的行蹤，就是從他們的親友帳號所透露出來。像是 GD 去梨泰院的夜店 Cakeshop 玩，除了照片之外，還有他狂灌酒的影片，就是親友流出。

Line ／ Kakao 群組

　　追星追久了，參加的活動愈多，在排隊等待的空檔常常有機會跟前後左右的飯們交上朋友，粉絲們想聊天或交換情報，透過 Line ／ Kakao 群組是最簡便的。這種群組裡的情報通常可信度都滿高的，但就是一個拉一個，沒有什麼正式的加入方式。

私生飯的社群網站

　　私生飯一直是個很有爭議的角色，但不可否認的，他們掌握很多情報。私生飯大多不會在檯面上出現，就算有社群網站帳號，通常也是要互加好友才看得到。追得愈久，認識的粉絲朋友愈多，才認識得到他們，算是難度最高。

▲許多粉絲建立的論壇或站子，不僅情報多，還會集資為偶像買廣告慶生或是宣傳新專輯。

　　BIGBANG 的私生飯中，最知名的應該是一位新加坡的富家女粉絲，被其他人暱稱為「坡姊」。她出手大方，高價禮物買起來毫不手軟，手上情報也多，常能跟 GD 搭到同一班機、住同一飯店。以前專追 GD 的她，後來脫飯改追 BIGBANG 身邊有名的雙胞胎舞者的弟弟。但她偶爾會在 Instagram 上貼出以前追 GD 的片段，像是坐在同一班機上，偷拍 GD 吃飯的模樣；或是跟在 GD 身後一起等過海關，一邊偷拍他等影像和照片，是少見很「公開」的私生飯。罵她的人多，但更多的是央求她繼續上傳影片的粉絲。

善用 Instagram 的 hashtag 搜尋藝人行蹤

　　如果照到偶像的照片，大部分的人都會有想炫耀的欲望。這時他們會用 hashtag 做標記。用 hashtag 搜尋，除了可以發現誰是在認真追，也可以判斷明星的班機時間。

　　Fion 就遇過粉絲在機場等 BIGBANG 結束日本活動回韓，日韓之間往返的班機一天有幾十班，他卻很篤定地說：「勝利一定是搭 XX 航班。」原來是日本那邊送機的粉絲已經火速上傳了送機的照片，用 hashtag 就可以查到，藉此判斷藝人到達韓國的班機和時間。所以懂得從哪些管道蒐集情報，還要學會怎麼判讀情報，追星真的是一門學問啊。

從追星學話術及建立人脈

　　最高等級的情報，其實得靠「人脈」及「話術」。

　　一般大型後援會（中國用語則是站子）都會有所謂的「前線」，負責一天到晚跟著偶像的行程到處跑，拍到照片馬上加 logo 上傳到網站，讓其他粉絲有如親臨現場，比媒體的即時新聞還快。

　　常出現在活動場合的粉絲們，跟工作人員見久了也都知道彼此的存在。明星不紅的時候，甚至有工作人員會私下請託粉絲幫忙動員其他人來參加活動。當然本書介紹的這幾個團體都正當紅，所以工作人員多半是抱著「防守」的心態。

　　前線們難免會跟「私生飯」搭上線，要怎麼讓私生飯提供行程情報，又不會自己也變成介入藝人私生活的一員？而這行為是否在為私生行為推波助瀾呢？界線很難清楚劃分。但大部分的前線其實沒想這麼多，只想建立更多人脈，以獲得更多資料。

　　情報可以賣錢，不然藝人的手機號碼、家裡住址怎麼會流出？而我在

臺灣曾搭過的追星包車司機就開宗明義地説：「我跟你們説的行程內容，絕對不能説出去！」因為他的情報只給有付錢搭車的客人，如果沒搭車的人也能知道，那以後誰還會想花錢搭他的車？

　　如果有認識航空公司、飯店的工作人員，可以透過他們查航班、查有無訂房，也是很重要的人脈。但這有違職業道德，看各人交情，算是不能説的秘密。我就遇過粉絲，聽到新認識的朋友是在航空公司工作，立刻眼睛一亮，熱情地和對方攀談。

　　另外，有些粉絲追一追，改追明星旁邊的舞者，或是樂手。除了難度比較低，也可透過他們了解藝人的動態。像出席海外活動，有時工作人員會和藝人同進同出。如果和舞者／樂手交情夠好，就可以透過他們，揣測明星會住哪間飯店、搭哪班飛機。我有日本朋友就追到跟 YG 的舞者變成好友（已到參加對方婚禮的程度），甚至還被邀去參加 YG 的慶功宴呢。

話術三等級

　　至於「話術」，是我在粉絲圈中感受最深的一件事。因為用錢買情報的不多，大多數人是用情報互相交易。你跟我説藝人現在哪間餐廳，那我就

跟你説他住哪間飯店。

如何判斷對方知多少？該不該先講？我説了的話，他也會説嗎？互相試探、套話、誇大自己手上有的情報，就是「話術」。

如果你被認為是擁有情資的「重要人士」的話，那其他粉絲想巴結你，情報就會自己送上門。例如我認識某位金姓藝人的貴婦粉絲，出手大方又不會窮追猛打，是最受明星歡迎的粉絲類型。甚至該藝人的媽媽還曾對她説：「之後妳的婚禮，就讓我兒子去獻唱一曲吧！」其他粉絲們知道她認識此藝人的親友，都想跟她套交情、討情報。甚至還有粉絲，把同團成員的住家地址和照片，示好地主動送給她（我調查了一下，應該是真的住址）。

很多人會假裝自己所知甚多，以獲得其他粉絲的尊敬，這是最高階的話術。話術高明並不是説謊，而是把三分事實講得像有十分程度。例如，有人追偶像身邊的知名樂手，常送對方昂貴的禮物，培養了對方「見面就有禮物拿」的既定印象。之後透過私訊，問樂手何時出門，要守在飯店大廳把禮物拿給他。對方老實地回答：「三點會出發。」而該粉絲對其他人的説法則是：「我跟歐巴約了三點碰面。」

差不多的語意，不一樣的字眼，聽起來卻差很多。這就是「話術」。

中階的話術，用在和明星搭話以及交朋友。例如：接機時，在遞禮物的那段路上，除了説：「歐巴，這個禮物是要給你的」之外，還能説什麼？必須事先投其所好，了解對方的興趣，才能和他「聊」得起來。

低階一點的話術，就是「説謊」。我的中國朋友追中國的偶像組合TFBOYS，他説，早期有人會去機場的航空公司櫃檯，説：「我來接我弟弟某某某（TFBOYS成員的名字）的機，他上飛機了我聯絡不上他，方便跟我説他的班機號碼嗎？」還真的見效。甚至有櫃臺人員不設防，直接把螢幕轉給粉絲看，藝人的身分證字號就這樣輕易地被粉絲給抄下。

有人説粉絲圈有很多黑幕，因為大家互套話、找情報，或是跟藝人、工作人員相處的眉眉角角，甚至有粉絲會放假情報來詆毀別人，甚或並不是真的喜歡藝人，只是想利用他們開站賺錢。不過我覺得透過追星來懂得「厚黑學」，不也是種收穫？有人的地方就是社會，就會有形形色色的人物和狀況，也用不著太大驚小怪。

如何讓偶像記得你？

「你換髮型了？」或是「很久沒看到你了！」聽到偶像這樣對你問好，應該所有的粉絲都會開心到瘋掉。雖然極可能是偶像圈飯的手法，但有那麼多的粉絲，我卻能被明星記住，還是會感到幸福。

讓偶像記得「我是誰」，其實就是要提高你在偶像面前的「能見度」。至於有哪些方法呢？

高出席率

藝人的活動一定要出現。特別是觀眾比較少的場合，像是簽名會、代言品牌所辦的見面會、記者會……等，愈常出現在他們面前，自然也容易被記住。當然接機、送機也不能例外。

但簽名會或見面會，成本不低。要不是買很多張 CD 提高中籤率，或買很多產品，不然就是搶買門票。每場都參加的話，經濟負擔很高。接、送機不用額外付錢，但有時班機時間沒公開，或是成員們分搭不同班機，在機場等上一整天也是常見的事。

▲為了參加簽名會，通常得買十幾二十張 CD。我朋友想參加 Block B 的簽名會，可惜買了 15 張還是沒抽中。

打扮有特色

長得好看、高個子，或是西方臉孔，本來就比較容易在一群人裡面被認出來。我就認識一位 Super Junior 的法國粉絲，身高 175 公分又一頭金髮，追久了幾乎成員們都記得她。

但我們是亞洲人，身高也是老天給的，整形嘛……Fion 雖然不反對，但為了追星而整形，實在效益太低。剛好最近流行特殊髮色，你可以染特別顏色的頭髮，粉色、綠色、藍色……等，記憶點極高。如果平常要上班上課，無法染髮，也可以戴特殊造型的口罩，也挺有辨識度的（唯一缺點是每次都得戴）。

也有粉絲會在相機上放明星的大應援牌，不僅能吸引注意力，還能拍到藝人看鏡頭的美照。最後還有一大絕招，那就是帶小孩。通常藝人都很樂意跟小孩互動，不過照顧小孩應該會比追星還累就是了。

經營後援會

組織後援會、幫藝人在網路上做宣傳（臉書粉絲專頁、PTT 個版、部落格、開網站、製作 APP……等），等於是幫助偶像增加名氣，他們自然比較容易記得你，甚至在活動時率先跟你打招呼。

不過經營這些組織和宣傳管道很花時間，工作內容繁多。像是參加活動時要照相、錄影，之後還要修圖、上 logo、上傳。明星如果參加節目錄影，韓國的影片出來後，還得剪輯、翻譯、上字幕。所以一般站子都會有人各司其職，包括前線（在活動第一線拍照）、翻譯、美工……等。

而後援會如果經營得夠大，募集到夠多應援金額，或是透過賣自製周邊、代購門票／ CD ／官方周邊賺了錢，還有能力購買廣告做應援，或是準備應援餐車，送到偶像工作現場，幫偶像做人情。這些都能讓偶像對後援會大加印象分。

送禮物

許多韓國偶像就算走紅，但初期和公司簽的合約分潤很低，所以即使

專輯大賣，賺得也不多。很多粉絲想要表達心意，或是心疼偶像收入不高，都會選擇送禮物。從手製卡片、食物飲料（有臺灣特色的最優，像是水果啤酒）、衣服飾品，到高價位的名牌包都有。

最有名的例子應該是少女時代太妍的粉絲「飛姐」（flying petals），她在少女時代粉絲中是赫赫有名的人物，幾乎太妍的每一場海內外大小活動都會參加。太妍說想喝什麼飲料，她就會準備一箱。每次 iPhone 推出新款，她就會雙手遞上。太妍生日時，她買下報紙版面、巴士車身、氣球……等處做廣告，只為祝她生日快樂。到最後太妍不僅認得她，還曾在簽名版上寫下「永遠在我身邊吧！」送給她。

不過送高價禮物給偶像這件事，一直都很有爭議。像 F(X) 的宋茜就曾被質疑，利用微博跟粉絲討禮物，獲得一個臺幣十多萬的名牌包包，反而帶來負面新聞。大家還是量力而為，不要做出超過自己能力範圍的事，以免給偶像帶來困擾。

最後，還有一個藝人絕對會認得你的方式，那就是成為一天到晚跟蹤偶像的「私生飯」。不過這只會讓藝人討厭你，讓他記得看到你就要閃開。這樣真的好嗎？大家自己決定吧。

親近偶像的機會：參加音樂節目錄影

　　韓國幾個知名的音樂節目，都有開放讓粉絲入場當背景觀眾。但不會韓文的話，幾乎難以參加。加上每一個藝人的規則都不同，複雜就算了，還常常變動，沒有一定的 SOP。

　　舉實例來說，Super Junior D&E 在 2015 年 3 月 27 日 KBS《音樂銀行》的演出，Mia 前一天先到 KBS 外面某棵樹上的紙條拍照，然後把這張照片和名字，傳簡訊給負責人，負責人回傳序號和集合時間。所以必須要懂韓文、有韓國手機號碼、前一天就去 KBS 附近找到那棟樹，這樣才有可能進場。這些對於短暫來韓國觀光的粉絲們，是很有難度的。

　　就算開放當天排隊入場，但能入場的名額也有限，有些進場還要求提供「我是忠誠粉絲」的證據，把粉絲分成不同階級。舉例來說：

最高階：音源、會員卡、應援物、CD。

第二階：音源、CD。

第三階：CD。

　　如果你只有 CD，那就算你很早就去排隊，那也只是第三階。但比你晚來的韓國粉絲，因為四樣東西都有，直接晉級到最高階，那他可以比你先入場。而且規則常常會改，可能隔幾個月，方法又不能用了，變數很大。

　　最有把握能入場的節目，就是 Mnet 的《M!Countdown》。因為它跟旅遊網站有配合，可以事先購買入場券，不用在場外空等賭運氣。像是韓巢網、KKday 都有在販售。不過因為數量有限，常常一下就賣光，建議要去之前的一、兩個月就先密切注意。入場券約臺幣 1600 元左右，跟一般演唱會差不多，我覺得價格算合理。

▲走在電視臺周圍，會在路樹上看到這類告示，要求粉絲把和告示的合照傳給負責人，才能夠獲得入場序號。

KBS 上班路

　　韓國主要電視臺都有自己的音樂節目，而藝人從下車後走到電視臺錄影的這條短短的「上班路」，就是粉絲們可以親眼看到他們，甚至跟他們直接講到話的機會。

　　各家電視臺錄影時間不一，無法知道藝人何時會出現。但 KBS 是其中難易度最低、看到藝人成功率最高的地方。我去踩點時遇到認識的追星族朋友，她還說：「姊姊，妳可不可以不要寫這裡？不然人多了以後很難追啊！」

　　因為 KBS 要求藝人早上先進電視臺，所以他們一大早就會先到 KBS 報到，之後再驅車前往美容室化妝做頭髮，接著又回到 KBS 錄影，最後下班回家。所以如果在 KBS 外守候一整天的話，可以看到藝人來來回回四次。

　　藝人錄影時間不一定，推薦在他們報到的時間去守候，也就是早上七點到九點左右。很多粉絲會六點就到場，以便占視野好的位子。

　　我粗略把等待地點分為列隊區和鐵門區。

　　列隊區：是所有帶著高端相機的人會占的區域。因為可以正面拍到藝人走進走出的樣子。空間有限，大部分粉絲都會自備梯子，以免被前面的人擋住。這區方便拍到好照片，但很難跟藝人有什麼互動，除非藝人自己停下來。

　　鐵門區：保姆車通常停在鐵門外的停車格，從停車格到鐵門之間這段路，是粉絲們可以跟藝人一起走，或是跟藝人講話、遞禮物的時間（如果經紀人沒有阻擋的話）。

　　要選擇站哪一區，就看你是想要跟藝人互動，或是純粹用眼睛欣賞並留下照片紀念。這兩區之間純靠警衛做管制。當藝人出現時，你原本在列隊區拍照，就無法跟著藝人一路走出去。而你原本在鐵門等，當藝人穿過鐵門後，也不能跟著走進去。不過如果是比較不有名的藝人，警衛可能會睜一隻眼閉一隻眼。

　　當沒有藝人出現時，這兩區可自由進出。不過最好快速通過，也不要停在中間。

列隊區　　　　　　　　　　　　　鐵門區

▲列隊區和鐵門區。

　　不過 KBS 占地很大，出入口多，有些時候藝人想躲粉絲，就不會選擇走這條路。像 EXO 就曾經被發現從別的入口進來。但藝人們其實也知道粉絲們在這裡等候，所以大多都還是會走這條路，像 Super Junior 還曾經帶飲料來分享給在此等待的記者和粉絲呢。有些藝人坐上車後還會搖下車窗跟粉絲招手、給大家照相。

　　來 KBS 的粉絲愈來愈多，明星們也知道這裡有很多人在等，都會事先打扮，也會微笑點頭打招呼。

　　這裡是難得可以免費又近距離看到明星的地方，不過千萬不要因此就黏著藝人不放，或是衝上去碰觸對方。不然以後這樣的福利可能就沒了，而且你的樣子還可能被旁邊的粉絲拍下來，在網路上流傳。

1 4 號出口出來，過斑馬線後直走。

2 第 1 個路口右轉。

3 右轉後直走到底就可看到 KBS。直接過馬路走進去。

4 進去後再右轉，遠遠地就可看到排成兩列的粉絲們。這區就是列隊區。

5 一直往前走，就可以看到鐵門區。

KBS 新館

地址（中文）／首爾市永登浦區汝矣公園路 13

地址（韓文）／서울시 영등포구 여의공원로 13

交通／地鐵國會議事堂站（9 號線）4 號出口，步行約 7 分鐘。

我就是狗仔隊：包車追星實錄

　　因緣際會之下，Fion 曾經跟著包車「追」過兩次星。老實說，怕死的我只覺得「天哪～我還想活著回家！」因為急加速、急減速的過程實在滿嚇人。不過同車的專業粉絲，倒是習以為常，不覺得有什麼。

　　一次是在臺北，一間叫做「追星高手」的計程車團隊，專門做追星服務，從機場接送機開始，可以一路跟車，讓粉絲們貼近明星。領頭的蔡銘辰（小蔡）從 2008 年開始提供這項服務，他的經驗老道，卡位、切換車道都很流暢，甚至可以跟在明星的保姆車旁平行駕駛，讓粉絲從車窗窺看藝人。

　　我跟訪的那次，藝人坐的不是保姆車，而是分坐在不同的轎車上，所以車隊拉得很長，總共四、五輛車成一列。藝人車隊的前後左右，則全部都是跟車的粉絲。除了小蔡的團隊成員，還有許多騎摩托車的粉絲。

　　藝人的私人行程大多集中在晚上，路上人車少，小蔡的車會大膽地停在明星保姆車旁，我們和藝人的距離就只隔著一公尺的兩道車門。雖然明星

▲包車的粉絲看演唱會，多半會提早離場，以便早一步守在出口。

的車窗全是無法透視的黑玻璃，但眼尖的粉絲依然可以看到他們滑手機（因手機螢幕發光），甚至看到他們是在聊 kakao 或是上傳照片到 Instagram。

也有許多人是騎摩托車跟車，其實滿危險的。而且韓國保鑣有時還會下來喝阻粉絲，甚至動手推人。

怎麼得知明星的私人行程？

一是靠苦等：跟明星相關的所有車牌號碼，早就全都被粉絲記下來。追星車輛分守在演唱會或飯店的停車場出入口，一看到認識的車牌，就馬上跟上。二是靠人脈：記者、工作人員、店家、同行甚至保全，這些都是可能的消息來源。就算對方不能直接透露，也可以旁敲側擊，猜出行程的大概輪廓。

明星的工作人員其實也都知道跟車的團隊，互相有默契在，讓明星安全到家是最優先，所以跟車的車隊並不會妨礙保姆車的行進，而保姆車也會提前打方向燈預告。如果真的是事關明星個人隱私的行程，對方做大動作表明不要再跟，車隊也會退一步。像是 2012 年，JYJ 的韓國保鑣直接下車，到司機旁邊用韓文叫他不要再跟，算是滿溫和的勸告，車隊也就暫時撤退。

車隊司機除了跟車，也會炒熱氣氛。在車裡放當天追的偶像 CD 是必備，後來裝備提升，還在車裡面裝了小螢幕，讓粉絲枯等明星時有 MV 可看。而以往得花大錢包車一整天，現在則改成以人頭收費，也可以有不同的跟車行程（例如純接機，就只需要幾個小時），價格頗為人性化。

另一次的包車追韓星經驗，則是在新加坡。不過新加坡朋友說，當地沒有這一類包車追星的習慣。加上新加坡司機很守秩序，不太敢「衝」，所以我們好不容易跟了半小時，卻在一個黃燈處，被明星的車隊給甩開，現在想想還是覺得很扼腕。

陪著粉絲包車追了兩次，我覺得真是十分靠運氣的苦工，常常得花漫長的時間等待，一個不一定有結果的結果。而且老實說，明星大半都是躲在黑玻璃後面，不太會對跟車的粉絲揮手或露臉微笑示意，有種熱臉貼冷屁股的感覺。

不過一公尺外的車窗後面，就是全世界知名的偶像。即使我只是跟訪而來，都不免覺得有點激動，更何況是粉絲呢？

粉絲的終極目標

讓我和你一起工作吧！

當粉絲的最高成就是什麼呢？成為明星身邊的工作人員，甚至朋友，是很多粉絲嚮往的目標。或是進入電視臺、報社、雜誌社……等媒體工作，有機會接觸到藝人，或許哪天就能和自己的偶像一起共事。

我在韓國語學堂認識的中國朋友，大學畢業後為了追星來韓國念韓文，準備之後再申請韓國大學，從大一從頭讀起。她的願望就是進電視臺工作，每天都可以見到藝人。

有人覺得這是痴心妄想，但我倒認為這並非不可能。只是要投入得早、夠持之以恆，有決心追個三、五年，是有機會的。但這並不是追星三、五個月就能成功。

我的朋友 P 就是從追星開始，和藝人有互動，後來甚至成為被受邀參加婚禮程度的好友。朋友從這位 H 姓藝人發行第一張專輯還不紅的時候，就成為忠實粉絲，會蒐集剪報、架網站、參加活動、拍照。

跟藝人作品相關的知識她也愛屋及烏地努力吸收，有次藝人預告新專輯將跟電音 DJ 合作，她立刻去買了這位 DJ 以前製作的 CD 來聽，她說：「當作預習 H 的新專輯。」而藝人的幕後團隊，從唱片的製作人員（詞曲、編曲、混音師……等），到演唱活動的每位樂手，她都瞭如指掌。當然，藝人的宣傳和經紀人，也都因為太常看到她而互相認識。

P 是臺大畢業的高材生，因為追星做了大量功課，後來也踏入了娛樂圈，在唱片公司、電影公司都工作過，和 H 藝人算是在同一行業打滾。有次她換工作的空檔，認識 P 已十多年的 H 知道她肩負經濟壓力，於是問她：「既然妳現在沒工作，暫時來當我的助理好不好？」

到了這種程度，兩人從十幾年前粉絲和偶像的關係，成了互相支持的朋友角色。我想，這或許是很多粉絲所夢寐以求的目標吧。

我也要當藝人

如果長得好看、有才華，踏入演藝圈，成為藝人，變成偶像的同行，甚至還有機會跟偶像同臺演出。聽起來難度很高，不過韓國演藝圈還真有幾個這樣的例子。

因為韓綜《Running Man》在亞洲走紅的金鍾國，在 90 年代以「Turbo」這個雙人組合出道，每張專輯都銷售超過百萬張，可說是當時最紅的唱跳男子組合。當時才 19 歲的蔡妍，就是他們的忠實粉絲，還曾透過綜藝節目《TV Date》和金鍾國見面，當下甚至激動到流下眼淚。

後來蔡妍也成為藝人，2004 年時以性感舞曲〈兩個人〉走紅，奪下當時許多流行樂榜單的冠軍寶座。她還在綜藝節目《X-Man》中出演，和金鍾國一起玩遊戲，後來甚至和金鍾國傳出緋聞。從數萬粉絲之一，變成和偶像傳緋聞的對象，這種際遇該是所有粉絲的夢想吧。

▲韓國娛樂業積極向海外擴展，不少經紀公司、電視臺，都需要會講中文的人才。我陪前同事到 SBS 開會時，就有遇到中、韓文都很流利的中籍工作人員。

　　而韓國女藝人 Lady Jane 出道後雖沒有大紅特紅，大家對她的最大印象是 Simon D 的前女友，但因她講話有趣，成了不少綜藝節目的座上客。她說自己小時候是 H.O.T. 的死忠粉絲，還曾死守在 H.O.T. 成員的家外面等待，造成對方媽媽困擾不已。

　　Lady Jane 在 2006 年出道，曾和饒舌歌手 Simon D 交往過六年。她在綜藝節目《回憶閃耀的夜晚》中透露，有次在 Simon D 的喬遷派對上，終於遇到長久以來一直想見的 TonyAN，還幫 TonyAN 親手煮了拉麵。沒想到 TonyAN 因喝得太醉，一不心就把拉麵撒了一地。Lady Jane 說，原本以為歐巴既酷又帥，沒想到親眼見到本人卻是這種令人發囧的場面。

　　雖然見到偶像本人的狀況有點糗，但她因為成了藝人，不只有機會在私下見到偶像本人，還能跟 TonyAN、文熙俊一起共錄節目。在節目上，她對 TonyAN 及文熙俊侃侃而談自己以前如何迷戀 H.O.T.，也帶來許多以前購入的周邊商品，像是有 H.O.T. 成員 DNA 的項鍊、白色長外套、信紙……等，這些瘋狂又有趣的往事，連兩位 H.O.T. 成員都聽得目瞪口呆。這個場景，恐怕也不是以前追星族時期的她想像得到的。

▲我的泰國朋友曾到 SM 去面試國際組的工作。面試官對他說，不僅韓文、泰文要流利，英文也得有一定水平。不過經紀公司的薪水不高，很多人都是憑著熱情待下去的。

2
引領潮流的亞洲天團
BIGBANG

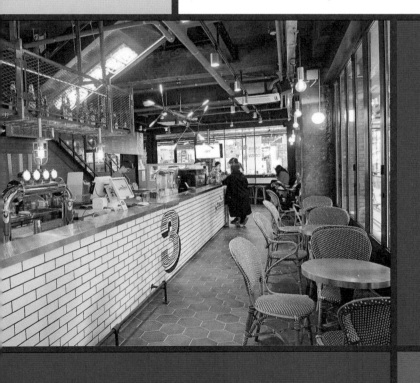

2006 年出道的 BIGBANG，是有型又有音樂性的指標男團，不僅舞技高，又有音樂創作能力，造型更是百變。他們的經紀公司雖然位於弘大區域，不過出沒範圍很廣，梨泰院、江南、惠化都有他們的蹤跡。

YG 經紀公司 YG Entertainment

BIGBANG 所屬的 YG Entertainment 坐落在合井站（2 號線）附近，離弘大很近。這棟建物是 YG 斥資興建，造型獨特，設備一應俱全，還有美味的員工餐廳。據説演員車勝元被問到為何決定加入 YG 時，就曾經搞笑地回應：「因為員工餐廳！」

不少綜藝節目都會來此拍攝，像是《Running Man》第 156 集，主持群就趁著玩遊戲的機會，上上下下地跑遍了錄音室、練舞室……讓觀眾得以一窺 YG 藝人們在公司的日常作息。

當然，這裡也是粉絲們必訪景點！有次我陪朋友來短暫蹲點一小時，竟然就遇到 iKON 的韓彬一個人默默地走出來，身邊完全沒有任何工作人員（當時 iKON 還沒出道）。各位親估（韓文朋友之意），蹲點時真的要睜大眼睛啊！

▲ YG 的大門口就是停車場（圖中的圍牆後方、建物正下方），看到保姆車開進、準備開出，都要緊繃神經。因為可能是藝人要上下車。

1 從合井站 8 號出口出來後直行，先經過一個 SK 加油站。

2 繼續直走，看到第二個 SK 加油站。

3 過馬路到對面（路中間有一個三角形的人行道安全島）。往左上方會看到一個綠色大指路牌，英文寫著「Gangbyeon Expwy」，朝這方向直走。

4 30 公尺後第一個路口右轉（這時可以看到 YG 公司的一小角）。

5 直走 40 公尺，看到左前方有一間 GS25，YG 就在對面。

YG 經紀公司 YG Entertainment

地址（中文）／首爾市麻浦區喜雨亭路 1 街 3

地址（韓文）／서울시 마포구 희우정로 1길 3

網站／http://www.ygfamily.com/

交通／地鐵合井站（합정역）（2 號、6 號線）8 號出口，走路 10 分鐘。

YG 對面的 GS25 便利商店

　　這是面對 YG 正門的最佳位置，加上外面有桌椅，先到便利商店買杯飲料，就可安心地坐在此等待。這裡幾乎不論何時都有粉絲在蹲點，也可以認識來自不同國家的同好們。

　　至於藝人會不會自己出來買東西呢？ Fion 認為是會的，因為我有碰過（但我眼拙不知是誰，只發現旁邊的日本迷妹都在尖叫，然後保鑣一直叫大家不要照相）。不過這真的憑運氣囉！

▲便利商店裡有 BIGBANG 的海報加簽名。

三岔口肉舖 삼거리 푸줏간

　　這是 YG 老闆楊賢碩開的烤肉店，YG 家藝人自然得出席報到，包括 BIGBANG、Winner、iKON……都是座上賓。其他經紀公司的藝人，像是 Rain、李昇基、李瑞鎮也都曾前來捧場過。

　　藝人通常會坐在角落，所以建議選裡面一點的位子。店裡還有一面塗鴉牆，上面滿是明星的簽名，可以照相留念。

　　這間店的裝潢和氣氛跟一般烤肉店不太一樣，比較有情調，從很多小細節當中也看得出用心之處。像是店員會用測溫計測鐵盤的溫度，到 180 度才可以把肉放上去。上菜時也不像一般店家把生肉放在盤子上，而是另外用設計過的仿舊油紙，把肉包在裡面，讓你有拆禮物的感覺。

　　這家店可以只點一人份，是首爾少見可以一個人用餐的烤肉店（不過一個人來的話，建議避開熱門時段，以免被店員拒絕）。

▲店員會測溫，180 度以上才開始烤。

　　老實説，這裡價位偏高，味道平平，最好吃的是小菜中的拌生菜。同樣的價格，去別間店可以吃到更好吃的烤肉。Fion 覺得來這間店，把重點放在追星就好啦！

　　至於這裡最容易遇到的名人是誰呢？就是老闆楊賢碩本人。Fion 也遇過一次。他始終戴著那頂黑色的帽子，很好認。

三岔口肉舖 삼거리 푸줏간
地址（中文）／首爾市麻浦區臥牛山路 72
地址（韓文）／서울시 마포구 와우산로 72
電話／＋82 （0）2-337-3892
店家粉絲專頁／https://www.facebook.com/3geori.butchers
營業時間／11：30 ～ 02：00
交通／地鐵上水站（6 號線）或弘大入口站（2 號線）。

怎麼走

❶ 從 6 號線上水站（步行約 6 分鐘）

1 2 號出口出來後往反方向走，

2 會經過 Hollys Coffee 和 FEBC 廣播，
繼續往前。

3 一直直走就會在右手邊 1 樓看到囉！

1 9 號出口出來，直走到麥當勞後左轉。

❷ 從 2 號線弘大入口站（步行約 12 分鐘）

2 直走到底，看到弘大正門，過馬路到弘
大門口那一側。

3 右轉後繼續直走約 5 分鐘就到了。

三代炒馬 초마

GD 曾 在 Instagram 上傳了一段吃炒馬麵的短短影片。影片裡的餐廳,就是弘大的「三代炒馬」。「三代」的由來是因為店主是祖孫三代接棒經營,店裡還掛著三位老闆的照片呢。不知道是不是因為 GD 太愛這間店,在 2013年時,三代炒馬搬到了 YG 所屬的建物,也就是上面所提到的「三岔口豬肉舖」的樓上。

炒馬麵(짬뽕)其實就是辣的海鮮炒麵加上湯汁。講到中華料理,韓國人第一個想到炸醬麵,第二就是炒馬麵。「三代炒馬」氣氛比一般中華料理店高檔,裝潢頗有質感,加上位在弘大鬧區,價位自然也偏高。

來訪之前,覺得韓國炸醬麵不過就那樣,能好吃到哪裡去。不過吃了一口感到非常驚豔,味道很有層次,不死鹹。而且他們家的麵條顏色比較淡,口感比一般炸醬麵軟一點,跟柔和的醬汁很搭。炒馬麵也很好吃,海鮮的味道很香,不像很多店家就只是一個勁兒的辣。吃完這間,真的有種「回不去了」的感覺,很難再走進一般的炸醬麵店。

GD的影片裡出現的手工炸餃子8個韓幣7000元（約臺幣240元）、糖醋肉韓幣14000元（約臺幣420元）、乾燒蝦仁（12尾）韓幣28000元（約臺幣840元）、以及炒馬麵韓幣8000元（約臺幣240元）。照著點的話可得花上韓幣57000元（約臺幣1600元）。建議還是兩人同行，一人點一碗麵，再加個糖醋肉就好。

菜單上還有加入青陽辣椒的白炒馬麵，別看湯底一點也不紅，其實還是有一點點辣喔！

三代炒馬 조마
地址（中文）／首爾市麻浦區臥牛山路72，2樓
地址（韓文）／서울 마포구 와우산로 72, 2층
電話／+82（0）70-7661-8963
營業時間／12：00～21：00（週一公休）（可包裝外帶，無外送）
怎麼走／三代炒馬就在三岔口豬肉舖樓上。在此就不複述走法。如果方向感好，又想沿路逛逛弘大商圈，建議從弘大入口站出發。如果怕迷路，從上水站走，比較簡單。

aA DESIGN MUSEUM Café

「aA」是我心目中幾近完美的一間咖啡店。裝潢美、氣氛佳、陽光充足，而且食物好吃、價位合理。每個被我帶來這裡的朋友，沒有一個不豎起大拇指稱讚。

老闆是有名的家具收藏家，所以這裡的桌椅、燈具、櫥櫃……都極有特色。有趣的是，他會請造訪過的明星在椅子上留下簽名，像是 BIGBANG 的 T.O.P、GD、太陽，JYJ 的金在中、國民 MC 劉在錫……等。許多粉絲來這裡的首要任務，就是找出明星的專屬簽名椅。不過椅子很多，又常會移動，

怎麼走 ———————————————

1 從 1 號出口出來後，往反方向直走，一直直走後，在第 6 個路口左轉（這路口有 wausan-ro17-gil 和 wausan-ro15-gil 的藍色路牌）。

2 左轉後直走，第 3 個路口左轉，再走一下即可看到。

所以得花時間找一下。

　　因為氣氛極好，不少媒體會選在這裡拍照、做專訪，撞星率高。GD 曾在 Instagram 上公開他坐在店門口的獨照，我在這裡則遇過某位韓國名模（在韓劇《沒關係，是愛情啊》出演女主角的前男友），本人帥得不可思議，連店員都跑來要跟他合照。

　　這間店 1 樓是 Café，地下則是 aA Smoke House，提供的餐點有些許不同。白天來的話，可以在 1 樓 Café 吃蛋糕、喝咖啡，享受悠閒的下午茶時光。晚上可以去地下室，點杯啤酒佐薯條閒聊。

---

aA DESIGN MUSEUM Café
地址（中文）／首爾市麻浦區臥牛山路 17 街 19-18
地址（韓文）／서울시 마포구 와우산로 17 길 19-18
電話／+82（0）2-3143-7312
網站／http ://aadesignmuseum.com/
營業時間／12：00 ～ 00：00
交通／地鐵上水站（6 號線）1 號出口，走路 8 分鐘。

朝鮮炭火燒烤 조선화로구이

　　這裡因為離 YG 很近，附近停車也方便，而且空間非常大，是 YG 工作人員常來聚餐的地方，店內掛滿了 BIGBANG、2NE1、PSY……等眾多藝人的簽名。BIGBANG 2012 年曾經在這裡被拍到穿著打歌服、大塊朵頤的照片。除此之外，店內還掛有他們 2008 年和老闆的合照，清秀的臉龐看起來非常稚嫩可愛！有粉絲還自製了成員的大頭照牌子讓店家拿來做裝飾。

　　這間店是直接使用炭火烤肉，所以烤起來有炭香，味道極佳。賣點是高等級的韓牛，兩面稍微烤一下，七分熟就很美味。韓國牛肉本來就貴，加上這裡只賣 1+ 等級以上的韓牛（最高等為 1++），一人份的肉就要臺幣 600 元以上！心疼荷包的話可以點調味豬排（되지갈비），店家事先用醬料醃過，味道甜甜鹹鹹的。或者是原味的帶皮五花肉：韓牛所費不貲，在場的客人有一半左右，都是點豬肉來吃。豬肉一人份是臺幣 360 元到 390 元左右，比韓牛便宜多了。

　　因為烤牛肉和豬肉的工具不太一樣（牛肉用的是細橫條的網子，豬肉則是有洞的鐵盤），所以無法各點一份，一開始就得選定你要豬肉還是牛肉。

　　吃烤肉難免都會沾染氣味，店家貼心地提供了除臭去味的噴霧，可以拿到外面全身噴一下，方便香香的跑下一攤。（切記別在店內噴喔！）

朝鮮炭火燒烤 조선화로구이
地址（中文）／首爾市麻浦區世界盃北路 5
地址（韓文）／서울시 마포구 월드컵북로 5
電話／+82（0）2-3143-1300
營業時間／11：00 ～ 03：00
交通／地鐵弘大入口站（2 號線），走路 5 分鐘。
怎麼走／從弘大入口站 1 號出口出來後，右轉直走約 150 公尺，遇到一個大路口。
　　　　馬路對面右前方就可看到。

木蘭中華料理 목란

在韓綜《拜託冰箱》出演的中華料理專門主廚李連福，是韓國有名的中華料理大家，有四十多年的資歷，節目中所有主廚都對他敬畏有加。而GD、太陽到《拜託冰箱》錄影之後，竟然一個拉一個，所有成員都去李連福開的餐廳——「木蘭中華料理」吃飯！

一開始是 T.O.P 和 GD 光臨，之後一個月內，勝利、大聲、太陽也都前往用餐。接下來，GD 和 T.O.P 還帶著 YG 社長楊賢碩一起去。

餐廳所在的區域（延禧洞），本來就是韓國華僑聚集之處，有許多中式餐廳。不過跟一般中華料理比起來，木蘭走的是高級路線，價位也偏高，像外面一碗韓幣 4000 元的炸醬麵，這邊要價韓幣 6000 元。

除了炸醬麵、糖醋肉是必點之外，東坡肉也非常有名。這家店本來就是頗負盛名的餐廳，再加上電視節目和 BIGBANG 的名氣加持，變得一位難求，一定要事先訂位。只能訂到一個月後的位子是常態，直接去現場等待也不會有位子。店員說，從早上開店就一路忙到關店，完全沒得休息。

有幸運的臺灣網友分享，在冷門時段苦等，最後店員終於大發善心喬了位子給他，還剛好遇到李連福主廚。

不過，這裡一進門就是三個大包廂，看不太到其他客人的狀況。即使明星來用餐，粉絲們也很難見到明星。除非你是《拜託冰箱》的鐵粉，不然沒必要把旅途中寶貴的時間拿來賭運氣。

木蘭中華料理 목란
地址（中文）／首爾市西大門區延禧路 15 街 21
地址（韓文）／서울시 서대문구 연희로 15 길 21
電話／+82（0）2-732-0054
營業時間／中餐時段 11：30 ～ 15：00（最後點餐時間 14：30），晚餐時段 17：
　　　　　00 ～ 22：00（最後點餐時間 21：30）
怎麼走／離這裡最近的地鐵站是弘大入口站，但走路還要 25 分鐘左右。建議從弘
　　　　大入口站 8 號出口出來後，直接搭計程車，車程約 6 分鐘，只有 1.4 公
　　　　里，通常不會跳表。

柿樹之家司機食堂 감나무집기사식당

就算不追星，推薦大家來到首爾也一定要來這間店品嘗看看！它的料理非常美味，價位也不貴（當然，是以韓國物價水準來看）。

這家店是旅行團絕對不會帶你去的韓國平民美食，口味相當道地，也是少數讓我回到美食寶島臺灣後，還會想念的韓國料理。有次幫朋友帶東西去韓國，朋友說要請我吃大餐，餐廳任我挑，當我決定去這間司機食堂時，朋友感到十分不解：「這算什麼大餐？妳也太好養了吧！」千萬別懷疑，它的料理真的好吃啊！

這間店因為韓綜《無限挑戰》前來拍攝過特輯，所以到處可見主持人的照片。此外，這裡也是 BIGBANG 造訪過的小店，牆上還掛有他們的簽名。

由於司機食堂是 24 小時營業，加上這裡離 YG、Woollim（INFINITE 所屬經紀公司）都不遠，除了計程車司機之外，很多在演藝圈工作、作息日夜顛倒的工作人員也會光顧。有次我晚上 11 點來吃，就遇到一大群某經紀公司的工作人員和舞者們。

這裡的招牌料理是烤豬肉（돼지불백），辣燉雞（닭볶음）也很好吃。烤牛肉（소불백）建議可以跳過，因為它就是一般韓式料理常見的炒牛肉（불고기）。主菜之外，它還會附上四種小菜、荷包蛋、湯麵，以及韓國人不可缺的生菜大蒜包飯醬。小菜是自助式的，吃完了都可以再續。湯麵沒什麼味道，我通常跳過不吃，專心進攻烤豬肉。

柿樹之家司機食堂 감나무집기사식당
地址（中文）／首爾市麻浦區延南路 25
地址（韓文）／서울시 마포구 연남로 25
電話／+82（0）2-325-8727
營業時間／24 小時
交通／地鐵弘大入口站（2 號線）3 號出口，走路 8 分鐘。

1 從弘大入口站 3 號出口出來後,直走。

2 走約 250 公尺,遇到一個大路口,在此左轉。

3 第 1 個斑馬線右轉過馬路到對面,再過一條馬路(等於連走兩個斑馬線),接著右轉直走。

4 約 5 分鐘後就可看到店家了。

AND.here 咖啡店 앤드히어

　　BIGBANG 成員勝利媽媽經營的咖啡店，擁有開放式大空間和落地玻璃，很適合悠閒地坐一下午。這裡的鬆餅有各種奇妙口味，像是巧克力豆鬆餅、棉花糖鬆餅、玉米片鬆餅，Fion 比較推薦棉花糖鬆餅，表皮鬆軟，雖然很甜，但配上咖啡剛剛好！

　　店內當然也少不了 BIGBANG 走過的足跡，像是一隻黑色的大猩猩玩偶，就是 T.O.P 送給勝利的開店賀禮。牆上有 BIGBANG 玩偶熊掛飾，還有一整面櫃子，放置了粉絲送給勝利的各種禮物，大半是熊貓玩偶。

　　此外，BIGBANG 在 2015 年 6 月初發表《Bang Bang Bang》專輯前夕，全員到齊錄製「Star Cast」訪談節目，就是在這裡進行拍攝的喔！

怎麼走

1 從 1 號出口出來後，往回走。

2 在這兩棟建築間的小巷子左轉。

3 接著一直直走到底，會看到左手邊有個樓梯，從樓梯上去後右轉。

4 直走第 1 個路口再右轉。走個幾步就可以看到左邊出現 AND.here 了。

AND.here 咖啡店 앤드히어

地址（中文）／首爾市鐘路區東崇街 90
地址（韓文）／서울시 종로구 동숭길 90
電話／+82（0）2-744-8464
店家網站／http://andhere.co.kr/
營業時間／11：00 ～ 23：00
交通／地鐵惠化站（4 號線）1 號出口，走路 5 分鐘。

Smokey Saloon 美式料理

　　2005 年開張，因美味、料扎實的漢堡而走紅，連 BIGBANG 也是座上客。老實說，這間店已經太紅了，店面又小，現在不太可能再在這裡遇到他們。不過聽說太陽偶爾會請公司的工作人員幫他外帶漢堡，所以如果想一嚐 BIGBANG 喜愛的漢堡味道，還是可以一試。

　　店面不大，一眼可望盡，只有十四組桌椅，所以用餐尖峰時段常得排隊。這間店賣的就是各式各樣的漢堡，除了牛肉之外，也有豬、雞類的選擇。人氣最旺的是 Ambulance 和 Volcano 口味。Ambulance 裡夾了薯餅、漢堡肉、起司、培根以及煎蛋，熱量爆表。Volcano 餡料則是有牛肉辣醬、辣椒、生菜、起司，適合愛吃辣的重口味者。我還吃過 Smokey Burger，但是 BBQ 醬味道太重，如果你像我一樣重視的是漢堡排的肉味，那 Smokey Burger 可跳過。

　　加韓幣 5000 元可以升級套餐，有薯條加飲料。推薦兩人來吃的話，點兩個漢堡，但一人升級套餐就好，可以分著吃，不然會太飽。當然一個人去吃也可以喔！值得一提的是，他們上菜神速快，點菜後大約 5 分鐘即上桌，頗令人驚喜。（因為我去的時候都很餓！）

　　這間店現在有其他分店，梨泰院是本店，想朝聖的話當然要來本店。

Smokey Saloon 美式料理
地址（中文）／首爾市龍山區梨泰院路 27ga 街 9
地址（韓文）／서울시 용산구 이태원로 27 가길 9
電話／+82（0）2-795-9019
店家網址／http://www.smokeysaloon.co.kr/
營業時間／週日至週四 11：30 ～ 22：00，週五週六 11：30 ～ 02：00
交通／6 號線梨泰院站 2 號出口，走路 1 分鐘。
怎麼走／從 2 號出口出來後第 1 個路口馬上左轉，到底右轉，右手邊就可看到。

10 Corso Como 10 코르소꼬모

10 Corso Como 是來自米蘭的複合品牌精品店（select shop）。創辦人 Carla Sozzani 早期為數家義大利時尚雜誌工作，是義大利版《ELLE》的首任總編輯（她妹妹也是現任的義大利版《VOGUE》總編）。她創立的 10 Corso Como 結合時尚、藝術、設計，不只販售衣飾，同時也是書店、藝廊、咖啡廳。

2008 年時，她和三星集團合作，在江南開了 10 Corso Como 的首爾分店。地占三層的店面，比米蘭本店更明亮寬敞。10 Corso Como 跟韓國娛樂圈合作密切，除了找來少女時代和 SHINee 站臺，也曾和 BIGBANG 推出聯名商品，PSY 的單曲〈Gentleman〉也在此取景。

GD 有幾次來此逛街時，曾被粉絲目擊，也有粉絲拍到太陽和朋友在這裡的咖啡廳相聚。

這家店有很多生活小物，像是香氛產品、擺飾、燈具，也有大量攝影、設計書籍，自然還有衣服、包包、飾品。不考慮價位的話，確實還滿好逛的，來這裡純逛街、吸收時尚新知很不錯。或是在 Café 裡坐坐，體驗一下江南貴婦的感受。

---

10 Corso Como 10 코르소꼬모
地址（中文）／首爾市江南區狎鷗亭路 416
地址（韓文）／서울시 강남구 압구정로 416
電話／+82（0）2-3018-1010
營業時間／賣場▶11：00 ～ 20：00
　　　　　　Cafe▶11：00 ～ 23：00（週日至週四）、11：00 ～ 00：00（週五、週六）
交通／地鐵盆塘線狎鷗亭羅德奧站 3 號出口，步行約 2 分鐘。
怎麼走／從 3 號出口出來，直走 2 分鐘後，第 1 個路口即可看見。

南瓜食堂 호박식당

　　這間連鎖餐廳的漢南洞分店,所在位置不是很方便一般人前來。但有很多明星住在漢南洞,像是 T.O.P 和 JYJ 的朴有天,這一帶等於是他們個人生活圈。

　　而這裡的主打的是「和牛」,許多人為了吃和牛而來。不過 Fion 覺得要吃和牛去日本吃就好,來韓國就是要吃韓國味(而且在韓國吃和牛很貴的!)所以還是點了三層肉(一人份韓幣 9000 元)來吃。結果出乎意料地好吃喔!連我在韓國住了一年多的臺灣朋友都大力稱讚,說以後要再來!

　　這裡送的小菜很多樣,量大又好吃。像是芝麻醬沙拉、蒸雞蛋和大醬湯,都在水準之上。大醬湯的味道比其他烤肉店更濃,感覺下了重本。

　　另外推薦加點傳統便當(호박도시락,韓幣 3000 元)。舊舊的便當盒,裡面簡單放了白飯、火腿、荷包蛋、海苔、小菜和辣醬,用力地搖一搖,就變成好吃的拌飯了。

　　這裡也有提供韓定食,以及其他的冷麵或拌飯,一個人來也可以。而且外國客人很多,不用擔心韓文不通。牆上有眾多的明星簽名,雖然 T.O.P 沒有留下簽名,但店員說他有來過喔。

南瓜食堂 호박식당
地址(中文)/首爾市龍山區漢南大路 21 街 18
地址(韓文)/서울시 용산구 한남대로 21 길 18
電話/+82(0)2-798-7905
營業時間/24 小時
交通/6 號線漢江鎮站 2 號出口,換乘公車加走路約 7 分鐘(或是搭計程車)。

怎 麼 走

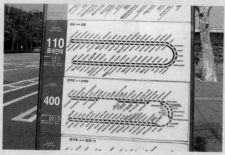

1 2 號出口出來後步行 1 分鐘的公車站，搭公車 110B 或 400。

2 會 經 過 前 門 上 車。後 門 下 車。持 T-money 卡的話，上下車都要感應。投現的話是韓幣 1300 元。上車後的第 2 個站（站名為순천향대학병원 . 한남오거리정류장）就下車。

3 下車後往前直走，看到 SK 加油站右轉，就可看到店門了。

回 程 走 法

搭公車來總不能叫大家用走的回去。這裡附上搭回漢江鎮的方法。

1 回到剛下車的地方，旁邊有個天橋，走上天橋後過馬路，從左邊下。

2 一直直走（過加油站）後會看到一個公車亭，在此等公車搭原路線回去即可。

Monster Cupcakes 弘大店

這是一間充滿惡搞趣味的杯子蛋糕店。佈滿血絲的眼珠、手指形狀的裝飾、寫有 R.I.P. 的墓碑、黑灰色的毛毛蟲……都出現在這裡的杯子蛋糕上。就連店裡都擺滿了恰奇娃娃、巫婆、骷髏頭、聖誕夜驚魂等擺設，想必老闆心中最愛的節日應該是萬聖節吧。

GD 有次參加朋友的生日派對，其中有人帶了這間店的杯子蛋糕，連見多識廣的 GD 都忍不住拍照，並上傳到自己的 Instagram。

造型充滿噱頭，難免讓人懷疑味道如何。Fion 試吃後覺得滿好吃的！通常杯子蛋糕上的裝飾，都死甜到讓人無法下嚥，不過這裡的杯子蛋糕，整個吃完都 OK。而且這間店在旅遊網站的評價幾乎是滿分喔！各國客人都給予高評價，還有人說他覺得這是首爾最好吃的杯子蛋糕。

如果不喜歡恐怖的造型，也有看起來比較正常的紫色小熊（Blueberry）、餅乾怪獸（Mint）等造型可選。

Monster Cupcakes 的本店在綠莎坪，店面很小，大約只有四到五個座位（2NE1 的 CL 也有造訪過，還在牆上留下簽名）。2014 年中在弘大開了第二間分店，室內空間稍微寬敞一點。想看看連 GD 都驚豔的蛋糕長什麼樣子嗎？不妨到此一遊！

Monster Cupcakes 弘大店資訊
地址（中文）／首爾市麻浦區臥牛山路 150-1
地址（韓文）／서울시 마포구 와우산로 150-1
電話／+82（0）2-338-1109
官方部落格／http://blog.naver.com/monster1102
營業時間／12：00 ～ 23：00
交通／2 號線弘大入口站 8 號出口，步行約 11 分鐘。

1 從 8 號出口出來後馬上右轉。

2 直走看到圓環後左轉。

3 遇到第 2 個圓環右轉，接著直走到底（是個小坡，約 400 公尺）。

4 可看到 Monster Cupcakes 在馬路對面。

Cakeshop

　　2015 年 12 月，網路上流出了 GD 在某個夜店玩樂的照片和影片，影片中還可看到他拿著一瓶高濃度酒精飲料往嘴裡倒。這個夜店就是位於梨泰院的夜店 Cakeshop。

　　當時 GD 其實是去參加 Deadend 四週年派對，Deadend 是一群 DJ 所組成的團體，YG 的製作人 Choice37 也是其中一員。GD 應該是衝著 Choice37 的面子而去參加。

　　Cakeshop 本身在首爾是滿有名的夜店，但不是江南那種俊男美女競相爭奇鬥豔的風格，而是比較地下的。放的音樂包括 House、Disco、Hiphop、RnB……等，喜歡跳舞的人，來這裡一定會很開心。

　　Deadend 常在 Cakeshop 活動，有次還邀來臺灣的 DJ 林哲儀，和他們一起在這裡放歌。可以追蹤 Choice37 的 Twitter 或是 Instagram，有他出沒的活動，可能就會有 GD 的身影喔。

**怎麼走**

1 從 3 號出口出來後往前直行約 150 公尺，走斑馬線到對面。

2 可看到霓虹燈管招牌。

Cakeshop

地址（中文）／首爾市龍山區梨泰院路 134，地下一樓
地址（韓文）／서울시 용산구 이태원로 134, B1
電話／＋82（0）10-4470-8320
營業時間／21：00 ～ 04：00（週四～週六）
官方網站／http://www.cakeshopseoul.com/
交通／6 號線綠莎坪鎮站 3 號出口，步行約 4 分鐘。

Rare Market

　　GD 姊姊 Dami 開的時尚精品店，販賣韓國設計師品牌和她從各國蒐羅而來的衣服、配件、生活雜貨……等。商品都很精緻特別，價位也非一般，衣服類大多臺幣萬元起跳，手機殼、小飾品則有臺幣幾千元的選擇。

　　GD 自己佩戴的飾品，也有機會在這裡找到喔！像是 GD 有次在 Instragram 上傳了一張他戴著 La Mome Bijou 紅色手鍊的照片，立刻就可以在「Rare Market」買到。Dami 跟店長 Jessica 都可用英文溝通，購物無障礙。而其他男店員也很有型，是個養眼的追星好所在。

　　因為太多粉絲前來朝聖，純逛不買，有時候店員態度不是很好。不過只要你展現出結帳的決心，就能獲得和藹的笑臉；也不能說店家現實，畢竟這裡可是寸土寸金的江南區啊！

　　買了東西之後，記得 po 上 Instragram，並 tag「raremarket」，GD 姊姊會來看喔。

怎麼走

1 從 3 號出口出來，直走第 4 個路口右轉。（在到達第四個路口前有個公車亭）

2 直走、爬了個小坡後有個丫字路口，走左邊。

3 直走到底後右轉。

4 右轉後再走個幾步，就可以看到店門了。

Rare Market

地址（中文）／首爾市江南區狎鷗亭路 80 街 24

地址（韓文）／서울시 강남구 압구정로 80 길 24

電話／+82（0）2-512-3433

Instagram 帳號／raremarket_official

營業時間／11：00 ～ 20：00

交通／地鐵盆塘線狎鷗亭羅德奧站 3 號出口，步行約 10 分鐘。

ONL(오늘)

　　這間店除了撞星率很高，也充滿著型男型女及江南的有錢人。我朋友在這裡遇過 G-Dragon（他姊姊的店就在旁邊呢），還有臺灣網友來玩的時候，巧遇 2AM 的珍雲，還就坐在隔壁桌！

　　這裡裝潢融合了古典和現代，氣氛很棒。店的面街處全用落地窗打造，半開放式的空間，天氣好的時候在這邊和朋友喝咖啡聊聊天，一邊看路上的俊男美女，著實是種享受。而且 Fion 每次經過這裡，都會看到外面停著各式跑車！愛賞車的人到這也可一飽眼福。

　　雖然價位偏高，裝潢讓人有種距離感，但服務生態度很親切，環境也舒服。不論何時來都很享受。

1 從 4 號出口出來,直行約 5 分鐘後會看到漢堡王。

2 在此左轉。直行到第 4 個路口,就可在左手邊看到此店。

ONL(오늘)

地址(中文)／首爾市江南區宣陵路 152 街 37

地址(韓文)／서울시 강남구 선릉로 152 길 37

電話／+82 (0) 2-517-2030

營業時間／11:00～03:00

交通／地鐵盆塘線狎鷗亭羅德奧站 4 號出口,步行約 10 分鐘。

HANSA TOY 玩偶咖啡店 한사토이

　　T.O.P 曾經買了一隻黑猩猩送給勝利，就是在 HANSA TOY 買的（陳列在勝利的咖啡店裡）。HANSA TOY 是一個來自澳洲的動物玩偶品牌，質感很精緻，動物的表情和 pose 也比一般的玩偶多了幾分生動。像是歪著頭睡覺的小豹，或是舉著手像是在討抱抱的倉鼠，都非常可愛。而且這裡有上百種動物，常見的綿羊、小海豹、小狗、小熊之外，還有猩猩、鱷魚、烏龜、恐龍……等。

　　HANSA TOY 除了販售玩偶，地下 1 樓還有個親子咖啡店。有各式玩具、玩偶、童書，也有哺乳空間，很適合帶小孩出門遊玩的大人們（需點餐，使用限時 2 小時）。而

且這裡的玩偶，每年都會送交韓國生活環境試驗所檢驗，大人們可以安心買給小孩。

店員們都穿著很像生態保育員的卡其色制服，而且這裡不只有小型玩偶，也有展示大型的動物，像是比人還高的長頸鹿，或是 1：1 大小的斑馬。感覺這裡就是可愛版的動物園加水族館啊！

不過玩偶的質感也反應在價格上，小玩偶大約在韓幣 10000 到 30000 元（約臺幣 300 到 900 元），中的則是韓幣 30000 到 100000 元（約臺幣 900 到 3000 元）。至於 T.O.P 送給勝利的那隻黑猩猩呢？則是韓幣 1300000 元（約臺幣 39000 元）。

HANSA TOY 玩偶咖啡店한사토이
地址（中文）／首爾市江南區狎鷗
亭路 46 街 6
地址（韓文）／서울시 강남구 압구
정로 46 길 6
電話／+82（0）2-544-0049
營業時間／賣場 10：30 ～ 22：30
　　　　　咖啡店 11：00 ～ 20：00
　　　　　（最後點餐時間 19：00）
交通／盆塘線狎鷗亭羅德奧站 6
號出口，步行約 6 分鐘

怎 麼 走

1 從 6 號出口出來後的第 3 個大
路口，Hana Bank 左轉。

2 走個幾步就可以在右手邊看到
HANSA TOY。

YG Republique（明洞店）

　　YG 這間公司處心積慮要發展副業，從夜生活圈的 Club、化妝品品牌 Moonshot，到弘大的三岔口肉舖，都在在證明了，YG 不只是想做一間演藝經紀公司，還想成為一個有眾多子事業的大集團。

　　而位於明洞、2016 年 2 月 5 日開幕的 YG Republique，更可見 YG 打算把自己當成一個品牌在經營的決心。這個兩層樓的店面，包括了三種形式的餐飲店家：3Birds（咖啡店）、KPub（酒吧）和三岔口肉舖（烤肉店）。陸續找了 YG 旗下的藝人、模特兒來捧場，留下簽名、合照，還推出消費即送刮刮樂，最大獎是被黃牛炒價炒到臺幣 10000、20000 元的 BIGBANG 演唱會門票。

　　我在 2015 年弘大三岔口肉舖剛開幕時就去吃過，印象不怎麼好，覺得華而不實。我的標準是，餐廳最重要的是食物好吃。但 YG 的餐廳，總讓我

YG Republique（明洞店）
地址（中文）／首爾市中區明洞 7 街 13
地址（韓文）／서울시 중구 명동 7 길 13
電話／+82（0）2-318-3892
營業時間／賣場 10：00 ～ 23：00
Instagram 帳號／yg_republique
交通／乙支路入口站（2 號線）5 號出口，步行約 5 分鐘。

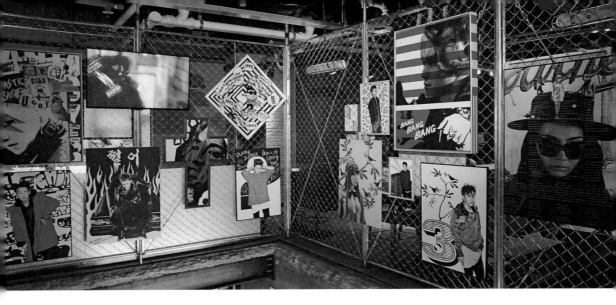

覺得裝潢美、氣氛佳、宣傳用力，但食物普通，服務也一般，有種本末倒置的感覺。

　　YG 的藝人們還是有來這捧場，也處處是簽名。不過明星私下若非為了宣傳，真的會來這裡嗎？我有些懷疑。

　　來明洞逛街到一半，可以來 1 樓的 3Birds 喝杯咖啡、吃塊蛋糕歇歇腳。然後往 2 樓參觀，樓梯間的藝人 POP 裝飾做得還挺有特色，值得照相留念。

1 從 5 號出口出來後第 1 個路口右轉。

2 一直直走就可看到。

YG Republique（IFC店）

　　在明洞店開幕不久後，YG 在汝矣島的 IFC 購物中心旁邊又開了分店。這一帶是首爾的金融中心，所以平日來造訪的多半是上班族，除了一進門的 YG 周邊專賣特區之外，沒有什麼粉絲味。反而有很多西裝筆挺的人，趁空來這邊喝咖啡。

　　這邊跟明洞店一樣，也包含了 3 Birds（咖啡店）、K Pub（酒吧）和三岔口肉舖（烤肉店）。我在這吃了鮭魚起司三明治，覺得味道中規中矩。這裡和明洞店一樣，常常配合 YG 的活動辦一些促銷。例如 BIGBANG 的電影上映時，持票根來此用餐，即可獲得 9 折。

　　店隔壁的 IFC 購物中心，空間寬敞舒適，也有不少品牌，並提供退稅服務。它不像其他熱門觀光景點那麼的人多嘈雜，是我還滿喜歡來的一個購物中心。不喜歡人擠人的粉絲，可以把購物行程安排在這！

1 從 3 號出口出來，直行過斑馬線後馬上右轉。

2 直走約 300 公尺，即可在左手邊看到 IFC Mall。

3 不要走進 IFC Mall，而是從門口右手邊繼續往前走。

4 即可看到 YG Republique 出現在眼前。

YG Republique（IFC店）

地址（中文）／首爾市永登浦區國際金融路 10, Three IFC 1 樓

地址（韓文）／서울시 영등포구 국제금융로 10, Three IFC 1F

電話／+82 (0) 2-6137-3033

營業時間／11：00 ～ 02：00

交通／地鐵汝矣島站（5 號線、9 號線）3 號出口，步行約 5 分鐘。

3

姊姊和妹妹通殺、
人氣爆棚的EXO

這幾年最紅的新星就非 EXO 莫屬啦！甚至在他們辦演唱會期間，走在首爾鬧區 Fion 都可以明顯感覺到迷妹比平常更多。在 SM 周邊店裡，也屬他們的商品最多，幾乎等於暢銷品的同義詞吧！

SM 家大業大，可從他們辦公室一間一間蓋的速度看出。在江南區，SM 已經有 4 個據點，被粉絲們戲稱為總壇、分壇，到韓國旅遊必得去「朝拜」。

SM CELEBRITY CENTER

SM 在 2012 年之前的總部辦公室，粉絲們習慣稱這裡為舊大樓。在 SM 搬新家之後，這裡就改為訓練中心。大樓的正面和側面海報，會隨著 SM 的藝人活動而更換，如果來韓旅遊時適逢你的偶像發片，可千萬要來這高度超過 10 公尺的巨幅海報牆前面照相留念。

SM CELEBRITY CENTER
地址（中文）／首爾市江南區狎鷗亭路 423
地址（韓文）／서울시 강남구 압구정로 423
交通／狎鷗亭羅德奧站（地鐵盆塘線）2 號出口，步行約 4 分鐘。
怎麼走／從 2 號出口出來直走即可到。

▲左 SM 大樓對面的小公園。
　右 SM 大樓的背後有一個專屬停車場。藝人有時會在這邊下車,再繞到正面的大門。

SM STUDIO CENTER(SM 清潭辦公室)

　　這是 SM 在 2012 年後所搬遷的新址,也是眾多粉絲來韓必蹲點的地方,幾乎無時無刻都有粉絲在公司外面守候。一般粉絲會在門前的停車場空地上守候,但人太多或車太多時,警衛就會出來趕人。若不想被趕,對面其實有個小公園,在那裡等也可以(但藝人出現常常是一瞬間,所以在小公園等的話可得備好長鏡頭)。

　　其實站在經紀公司的立場,是不希望粉絲們在門口蹲點的。不過對海外粉絲來說,難得到韓國旅遊,有些人只是想看看偶像上班的地方,跟偶像呼吸同一個地方的空氣。如果真要在門口等待碰運氣的話,曾經在 SM 門口等過兩次的臺灣粉絲 YT,提供了他觀察到的幾個細節。

　　SM 這棟大樓左邊半圓弧柱體的部分是電梯,可以從電梯捕捉到動靜。若看到有人從樓上進電梯、到一樓出電梯,那可能就是要出門了。

　　面對 SM 正門的右手邊有條小巷,可以通往 SM 後方的停車場。藝人有時會在後方停車場下車之後走進公司。當警衛一直在趕人、接電話,代表可能是藝人要出現了,所以工作人員先打電話來請他們清場。

怎麼走

1 從 2 號出口出來直走，在 SM CELEBRITY CENTER 左轉。

2 走到底後右轉（會爬一個小丘）。

3 接著一直直走，經過 4 個路口（約 8 分鐘）後，即可在右手邊看到。

SM STUDIO CENTER（SM 清潭辦公室）

地址（中文）／首爾市江南區宣陵路 190 街 114

地址（韓文）／서울시 강남구 선릉로 190 길 114

網站／http://www.smtown.com/

交通／狎鷗亭羅德奧站（地鐵盆塘線）2 號出口，步行約 16 分鐘。

3

姊姊和妹妹通殺、人氣爆棚的 EXO

070

SM COMMUNICATION CENTER

　　SM 其實在 2014 年時就把一部分辦公室移到這裡來。從資料看起來，這應該是屬於 SM C&C 的辦公室（SM C&C 是 SM 集團內管理演員、綜藝藝人的經紀公司）而在 2016 年 3 月時，SM 在 1 樓及地下室分別開設了 SUM CAFE 和 SUM MARKET。

　　SM 和各食品品牌合作，推出藝人聯名食品，就在這棟樓地下室的 SUMMARKET 開賣。包括 Super Honey 的 EXO edition（韓幣 38000 元，約臺幣 1140 元）、EXO 泡麵（兩種口味：炸醬麵、炒馬麵。韓幣 1280 元，約臺幣 40 元）、韓國知名的綠茶品牌 OSULLOC 的合作商品、冰棒、果醬……等等，設計都十分精緻，賣場陳列也很美，就算不是粉絲也可以逛得起勁。

　　其中最推薦購入的是罐裝爆米花（韓幣 12000 元，約臺幣 360 元），一共有代表旗下八組偶像藝人的八種口味。除了爆米花好吃之外，金屬罐子還可繼續使用，是比較「實用」的周邊，可惜一人限購一罐。

　　另外也可購買 EXO 粉絲狂掃貨的 pepero 巧克力棒。這是 Fion 踩點時看到賣場裡少有的藝人「照片」出現在包裝上的商品。一盒韓幣 1200 元（約臺幣 36 元）。不過其實一些大超市也有賣這款巧克力棒，還便宜一些，只要韓幣 900 元（約臺幣 27 元）。

　　如果是 Super Junior 的粉絲，則可以買 Super Junior 堅果（韓幣 35000 元，約 臺 幣 1050 元），裡面是 30 個小包裝的組合，每一個小包都有一位歐巴的照片。一大包要臺幣 1000 元有點貴，建議和朋友一起合購，這樣一小包只要 30 元。唯一缺點是試吃後覺得不太好吃。

　　在 地 下 室 的 SUM MARKET 血拚之後，可以轉到一樓的 SUM CAFE 休息一下。這裡提供蛋糕、咖啡、輕食（義大利麵、三明治、紫菜包飯……等），在此用過餐的粉絲最推薦義大利麵，並表示服務生的態度很貼心。

SUM CAFE 的各個角落，也很值得一一細看。不同於樓下的超市，這一層樓主要是生活用品，像是手機殼、擴香、蠟燭、書……等等。還有藝術家們以 SM 家藝人為靈感所做的

商品／藝術品。左手邊最裡面有個作品陳列區，裡面放滿專輯、寫真書、照片，也提供耳機現場聽音樂。是個可以細細品味藝人們歷年來所努力的成品的地方。

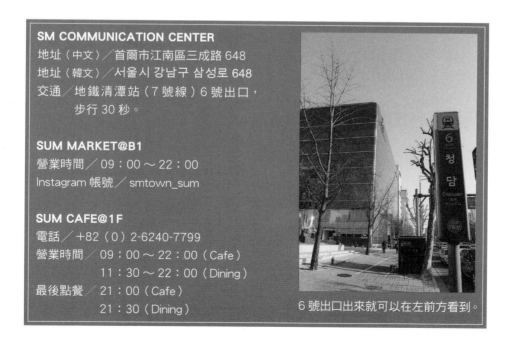

SM COMMUNICATION CENTER
地址（中文）／首爾市江南區三成路 648
地址（韓文）／서울시 강남구 삼성로 648
交通／地鐵清潭站（7 號線）6 號出口，
　　　步行 30 秒。

SUM MARKET@B1
營業時間／09：00 ～ 22：00
Instagram 帳號／smtown_sum

SUM CAFE@1F
電話　／ +82（0）2-6240-7799
營業時間／09：00 ～ 22：00（Cafe）
　　　　　11：30 ～ 22：00（Dining）
最後點餐／21：00（Cafe）
　　　　　21：30（Dining）

6 號出口出來就可以在左前方看到。

SMTOWN @ COEX ARTIUM（SMTOWN 코엑스아티움）

身為 SM 藝人的粉絲，來首爾卻沒造訪 SMTOWN 的話，就像到臺灣卻沒去過夜市、到香港沒吃飲茶、到泰國沒去按摩、到巴黎沒跟鐵塔照相……那樣的說不過去。

不過來到 SMTOWN 之前也請作好心理準備。一是時間，二是荷包，因為這裡可看可玩可買的太多，可以耗上半天。

樓層簡介：
1F WELCOME ZONE

2F SUM（CELEBRITY SHOP）

除了印有照片的商品之外，也有比較卡通化，或是比較低調的時尚生活小用品（包、飾品、水杯、香氛蠟燭、文具……等），就連狗狗的衣服也有賣。還有蓋紀念章的地方喔（蓋章免費）。

3F STUDIO

造型、學舞、錄音、拍照、拍 MV 都可在此體驗。不過畢竟是明星等級，並不便宜。像某個照片套裝，包含髮型＋化妝＋拍照，整套要近

20 萬韓元（而且常常一下就被預約一空）。臺灣的旅遊平台 KKDAY 有和 SM 簽約，提供舞蹈體驗行程，8 萬多韓元，全程可用中文預約，挺方便的。

4F LIVE rary Cafe

以 SM 家各藝人為主題發想的甜點，上面通常是有藝人的名字。不過吃掉就沒了。精打細算的話，建議買飲料類的，瓶身還可保留當作紀念。

5&6F THEATRE

觀賞 3D 演唱會、實況音樂劇，也有拍貼機、互動設施、手掌模……等。

可別以為這裡只是給觀光客參觀用的，SM 的藝人真的會在這裡出現。像 Super Junior 的希澈就曾經來此拍 MV，還趁著休息空檔給剛好在場的粉絲們簽名。

另外，2、4、5F 的座椅、商品檯，都藏了藝人們簽名。邊逛邊找本命的簽名，也有種躲貓貓的樂趣。

SMTOWN @ COEX ARTIUM（SMTOWN 코엑스아티움）
地址（中文）／首爾市江南區永東大路 513
地址（韓文）／서울시 강남구 영동대로 513
電話／+82（0）2-6002-5811
營業時間／11：00～22：00
官方網站／https://www.smtownland.com/
交通／地鐵三成站（2 號線）6 號出口，步行約 3 分鐘。
怎麼走／從 6 號出口出來直走，即可在左手邊看到。

SMTOWN STARDIUM @ 東大門 DDP Design Lab

　　如果來到東大門，遊客們通常會來到東大門設計廣場（DDP）逛逛。而 SM 藝人的粉絲，如果來到東大門，更要到 DDP 一看，因為 SM 在這裡也開了一間周邊商品店。這裡有賣 T-shirt、文具、馬克杯、首飾……等周邊，跟 COEX 的周邊商店其實大同小異，不過有粉絲説，COEX 缺貨的商品有時可以在這裡買到。我是覺得時間不夠的話，以 COEX 為優先。有時間的話，或是行程有排東大門，再來這間 Stardium 看看。

　　除了這間 SM 的周邊專賣店，DDP 這裡也有其他品牌的文具、首飾、生活小物，都滿新鮮有趣的。另外 DDP 這棟建物很有設計感，許多角落隨便一拍，就是一張類網拍模特兒的照片。來這裡除了買 SM 周邊，也可以安排個一到兩小時的時間，四處走走看看。

怎 麼 走

1 從 1 號出口出來後，往右手邊看可看到到 Design Lab 的 D1 入口。

2 走進去後搭電梯到 1F，1F 有個中型商場。

3 直走到底，即可在右手邊看到 Stardium。

SMTOWN STARDIUM @ 東大門 DDP Design Lab

地址（中文）／首爾市中區乙支路 281

地址（韓文）／서울시 중구 을지로 281

營業時間／10：00 ～ 22：00

交通／地鐵東大門歷史文化公園站（2 號線、4 號線、5 號線）1 號出口，步行約 3 分鐘。

I'm C 아이엠씨

　　這間店在 EXO 粉絲之間知名度很高，因為 EXO 經常在此出沒。成員大多是在早上時段來此，特別是 Xiumin 常來買外帶（聽說他最常喝的是維他命茶 VitaminTea），而世勳也常被目擊出沒。除了 EXO 之外，其他明星也很愛光顧這裡，像是少女時代的 tiffany 和徐玄，Super Junior 的厲旭、東方神起的允浩、JYJ 的俊秀……等人。

　　來這裡必點的是哈蜜瓜冰淇淋，把一整顆哈蜜瓜的果肉都挖成一球一球的形狀，再在裡面放進牛奶剉冰，疊上哈蜜瓜果肉之後，最上層再擠上霜淇淋，很美味！不過分量有點大，建議兩到三人共享。

　　櫃臺旁放滿明星簽名的咖啡罐，也是粉絲們一定要拍照之處。除了照相之外，也請眼觀八方，這一帶有很多型男出沒，就算沒看到藝人，看到帥歐巴也不錯！

▲ 店員都會請造訪的明星在茶葉罐上簽名。

 怎麼走

1 從 2 號出口出來後一直直走,在看到大十字路口前倒數最後一個小路口左轉。

2 左手邊、半地下的空間即是。

I'm C 아이엠씨

地址(中文)╱首爾市江南區狎鷗亭路 461

地址(韓文)╱서울시 강남구 압구정로 461

電話╱+82(0)2-511-5512

營業時間╱09:00～23:00(週日～週四)09:00～24:00(週五～週六)

交通╱地鐵狎鷗亭羅德奧站(盆塘線)2 號出口,步行約 10 分鐘。

Styler H 스타일러 H

這間店就位於 SM CELEBRITY CENTER 隔壁巷子的美容室，或許因為地利之便，是 EXO-M 固定會來做造型的地方。曾有韓國網友分享 2014 年 3 月時來這裡染頭髮，竟遇到 EXO-M 出席東大門時裝周之前來此做造型的幸運經驗。而且因為是團體一起去東大門走秀，該位網友可是親眼看過全部的成員！

如此幸運的日子不是天天有，各位讀者的頭髮也無法天天染，不過如果想試試 EXO-M 所做的造型、所化的妝，可來 Styler H 一試。但是這裡的價格也頗為「江南」，請作好心理和荷包準備！

剪髮：韓幣 44000 元~99000 元 (視設計師等級)

染髮：韓幣 110000 元~253000 元 (視長短和難易度)

燙髮：韓幣 77000 元~385000 元 (視長短和難易度)

化妝：基本韓幣 110000 元 / 婚紗妝韓幣 550000 元 / 個人課程韓幣 220000 元

Styler H 스타일러 H
地址 (中文)／首爾市江南區狎鷗亭路 71 街 10 You Art Space 3 樓
地址 (韓文)／서울시 강남구 압구정로 71 길 10 유아트스페이스 3 층
電話／+82 (0) 2-3444-0255
營業時間／10：00~19：00 (週一公休)(夏天會有一週的公休，會事先公布在官方 BLOG)
店家部落格／http://blog.naver.com/styler_h
交通／地鐵狎鷗亭羅德奧站 (盆塘線)2 號出口，步行約 7 分鐘。
怎麼走／從 2 號出口出來，一路直走，第 2 個路口左轉。往前走的第 1 個路口即可到。

KLATCH & BARDOT 클래치앤바르도

　韓國雜誌《The Celebrity》曾以「EXO's FAVORITES」為主題，請 EXO 的各個成員單獨拍照、受訪。而喜歡咖啡的 Xiumin 就化身為咖啡師，在這間店實際跟著店員，從炒豆、磨豆、煮咖啡……一路做起，讓攝影師捕捉最自然又投入的畫面。

　Xiumin 跟 Klatch & BARDOT 的淵源可不只拍雜誌封面，在 2013 年 SBS 歌謠大賞的短劇中，他穿上白襯衫、黑背心飾演咖啡師，也是在這間咖啡店取景。這裡的咖啡的確好喝，但必點的卻是唇印雪糕。巧克力外殼上印有不同顏色的唇印，有韓幣 5300 元和韓幣 5800 元兩種價位，各種口味和圖案可選。不過第一次來的話，當然要選最經典的紅唇雪糕！

　這裡的店員似乎也有挑過，男的帥女的美。建議坐在 2 樓，可以俯瞰吧臺並大方地偷看店員！

KLATCH & BARDOT 클래치앤바르도
地址（中文）／首爾市江南區島山大路 57 街 8
地址（韓文）／서울시 강남구 도산대로 57 길 8
電話／+82（0）02-540-5419
營業時間／11：00 ～ 02：00
交通／地鐵盆塘線狎鷗亭羅德奧站 4 號出口，步行約 10 分鐘。
怎麼走／請參考 173 頁的路線圖。

OASIS 오아시스

　　SM 旗下的藝人之間感情都不錯，也會相約出遊、吃飯。2014 年 9 月底，Super Junior 的始源和東海，就和 EXO 的 SUHO 一起相約吃飯。他們來到離公司不遠的 OASIS。三個男生吃了五盤義大利麵、一盤沙拉、一份三明治和三杯果汁。店家表示，他們一到就馬上點餐，並拜託店家量給多一點、上菜快一點，菜一上桌就「暴風吸入」的大吃特吃，似乎非常餓。而始源和東海也都透過 SNS 上傳照片，認證他們的好交情。

　　SUHO 他們吃的是義大利麵，不過這裡有名的其實是 Brunch，班乃迪克蛋和鬆餅都很受歡迎，日本電視節目還曾經特別介紹過。不過 SUHO 三人是晚上來的（義大利麵只有在晚餐時間提供），加上男生們食量大（三個人吃了五人份），也難怪他們沒有點 Brunch 來吃。

　　我覺得這家店的燻鮭魚班乃迪克蛋很好吃，醬汁不會過酸，底層的麵包是用法式麵包，口感很好，量也大方。而且氣氛佳，服務態度好，是我覺得很能好好享用的一餐。

怎 麼 走

1 從 4 號出口出來，第 2 個路口左轉。

2 左轉直走後第 1 個路口右轉。

3 直走約 100 公尺，即可在左手邊看到。

OASIS 오아시스

地址（中文）／首爾市江南區島山大路 55 街 20

地址（韓文）／서울시 강남구 도산대로 55 길 20

電話／+82（0）2-548-8859

營業時間／09：00～22：00（週日至 18：00）（週一公休）

交通／地鐵狎鷗亭羅德奧站（盆塘線）4 號出口，步行約 4 分鐘。

COFIOCA

　　這間珍珠奶茶店幾乎是所有粉絲必來的地方，不論是中國、日本、臺灣、歐美的飯，都知道這裡。店面很小，只放了2、3組桌椅，常常是客滿的狀態。而店裡可以說是鋪天蓋地地貼滿了藝人的簽名和海報，有些藝人還簽了不只一次，可以想見有多受明星們歡迎。

　　而EXO的世勳可以說是這間珍奶店最忠實的擁護者，除了在SNS上傳他喝芋香珍奶的照片之外，也頻頻有粉絲表示在這裡遇到他，他還曾經幫粉絲們簽名（通常藝人會以公司規定不能簽名或合照而拒絕）。除了自己來之外，偶爾他也會帶EXO其他成員一起來喔。

　　櫃臺的奶奶頗為親切，很為粉絲著想，想跟你的偶像喝同一種口味，問她就對了。而且不用怕韓文不通，只要講出明星的名字，她就懂了，超級懂粉絲的心啊！聽說她還曾把藝人的簽名送給粉絲，是不是更該跟她打好關係呢！

至於奶茶的味道，不管什麼口味都滿甜的，沒什麼茶味。不過來這裡的重點不是飲料嘛！你也知道的。

隔壁棟 GS25 便利商店的樓上原本是 SM 旗下的 KTV＋周邊店 Eversing，但現在已經關了喔！

怎 麼 走

1 從 6 號出口直走第 2 個路口左轉。

2 直走到第 2 個路口右轉，即可在左手邊看到。

COFIOCA

地址（中文）／首爾市江南區宣陵路 161 街 31
地址（韓文）／서울시 강남구 선릉로 161 길 31
電話／+82（0）2-515-3032
營業時間／10：30 ～ 22：00（打烊時間會隨季節增加半至一小時，全年無休。）
交通／地鐵狎鷗亭羅德奧站（盆塘線）6 號出口，走路 4 分鐘。

515

　　這間兩層樓高、全玻璃店面的複合品牌店，挑選來自韓國及其他國家的新銳品牌服飾，因為品味獨特，加上就位在經紀公司雲集的狎鷗亭，許多藝人和造型師都愛來此挑貨。

　　除了EXO的燦烈曾在這被目擊之外，少女時代的徐賢、孝淵，SISTAR的孝琳，F(X)的Amber……等，都曾來此購物。這間店與就在同一條街、也是藝人造型師的愛店boy.+by supermarket（本書126頁）的高調誇張比起來，商品比較簡單實穿，是一般人生活中也能駕馭的風格。

　　除了衣服、鞋、包、帽子、首飾之外，這裡也販售一些生活用品，而且價格不會貴到嚇人。像戒指、手環，大約是韓幣50000～120000元（約臺幣1500元～3600元）。不過我自己覺得這邊是精品和平價品混著賣，我在東大門批市買的一個戒指，韓幣10000元（批發價）；在這邊就看到極類似的款式，賣韓幣25000元（零售價）。零售價通常是批發價的1到1.5倍，所以我覺得這間店的價格，以這地段來說，還算實惠。

▲這裡也有販售小孩的衣飾。

1 從 5 號出口出來直走第一個路口左轉。

2 繼續直走，第 2 個路口轉角右手邊即是此店。

515

地址（中文）／首爾市江南區宣陵路 157 街 8

地址（韓文）／서울시 강남구 선릉로 157 길 8

電話／+82（0）2-6959-9515

營業時間／11：00～22：00

交通／地鐵狎鷗亭羅德奧站（盆塘線）5 號出口，步行約 2 分鐘。

SCHOOL FOOD 新沙店 스쿨푸드신사점

　　這間是 EXO 拍攝綜藝節目《SHOWTIME》時來過兩次的地方，包括第8集的開場，全員在此大吃特吃。以及第12集時鹿晗、燦烈、D.O. 來這裡內用加外帶。也因為他們來過兩次，所以出現的餐點實在是太多啦！第8集出現飯捲、雞肉沙拉、義大利麵、拌飯、蛋包飯、草莓蘇打飲料。第12集則是飯捲、咖哩拉麵、年糕拔絲、地瓜起司捲。真的要把他們吃過的東西全吃完的話，得來好幾次才行。

就算不是為了追星，我也推薦來此用餐。SCHOOL FOOD 的特色是把韓食西式化，有傳統韓食風味，卻又有西式的感覺。這裡最有名的是迷你 size 的紫菜飯捲（마리；Mari），小巧可愛一口可食，又有各種特別的口味。我吃的是奶醬培根蛋炒年糕（까르보나라떡볶이；Carbonara Topokki），裝盤和醬汁都是義式的，但麵條換成年糕和韓式冬粉。原本以為會很奇怪，沒想到竟出乎意料地搭！連不愛吃年糕的我都把它一掃而空了。而另外一道烤豬肉蓋飯也非常美味，草莓蘇打也清爽好喝，讓我很想一來再來把所有料理都試一回。

而這裡的裝潢高挑明亮，氣氛挺好的。推薦坐在靠窗的位置，邊吃飯還可以偷看新沙洞街頭的潮男潮女。另外不用擔心菜單看不懂，這裡有提供中文菜單喔！

SCHOOL FOOD 新沙店 스쿨푸드신사점

地址（中文）／首爾市江南區島山大路 139，2 樓
地址（韓文）／서울시 강남구 도산대로 139, 2F
電話／+82（0）2-510-5005
營業時間／11：00 ～ 21：30
交通／地鐵新沙站（3 號線）8 號出口，步行 5 分鐘。

從 8 號出口直走到第 3 個路口左轉，馬上就可在右手邊的 2 樓看到。

HAT'S ON 햇츠온

　　EXO 在《SHOWTIME》第 3 集時來到新沙洞的林蔭大道逛街，也走進不少店家。包括 JOYRICH、KSTARING、7-11……等，但 Fion 覺得最值得一去的，就是這間 HAT'S ON 囉！

　　HAT'S ON 是充滿設計感的韓國帽子品牌，風格多元，有的童趣、有的帥氣，有的搶眼、有的低調，是許多韓國藝人私下也愛穿戴的牌子。像 Super Junior 的金希澈就有它們的迪士尼系列帽子，宋智孝更是常在《Running Man》上戴此品牌的怪獸造型鴨舌帽出鏡。

　　EXO 原本就是此品牌的常客，還有成員私下在此購物時被粉絲目睹。2016 年他們更成為品牌代言人。淵源這麼深，粉絲們一定要來這間店逛逛啊！

1 從 8 號出口出來直走第 3 個路口左轉。

2 繼續直走，經過第 2 個路口後往右看，即可看到此店。

HAT'S ON 햇츠온

地址（中文）／首爾市江南區島山大路 13 街 22

地址（韓文）／서울시 강남구 도산대로 13 길 22

電話／+82（0）2-547-4905

營業時間／11：00 ～ 22：30

官方網站／http：//www.hatson.kr/

交通／地鐵新沙站（3 號線）8 號出口，步行約 7 分鐘。

3

姊姊和妹妹通殺、人氣爆棚的 EXO

KAMONG 咖啡店 카몽

　　這間在 2014 年開幕的咖啡店是由 Kai 的姊姊經營的，如果你是 Kai 的粉絲，那是一定要來的啦！店裡「粉絲味」很淡，看不到太多相片或簽名，不過聽説 Kai 還滿常來的，所以來這裡等待、碰運氣的粉絲很多，客人幾乎清一色是女生。

　　咖啡杯上一面是店家 logo，一面是個小孩從咖啡杯裡探出頭來的圖案（熱飲紙杯的圖案則是小孩在跟狗玩），想要兩種都收集的話，就得冷熱飲各點一杯囉！店裡也有販售保溫瓶（韓幣 30000 元，約臺幣 90 元）和馬克杯（韓幣 10000 元，約臺幣 300 元），質感還不錯。

　　Kai 的姊姊是一位氣質美女，咖啡店的官方 Instagram 上偶爾有她半遮臉的自拍照，不過最多的還是 Kai 的玩偶、雜誌封面等相片，感覺十分有姊弟愛。Kai 出現的時間不一定，不過姊姊還滿常在店裡喔。

KAMONG 咖啡店 카몽
地址（中文）／首爾市瑞草區瑞草大路 356
地址（韓文）／서울시 서초구 서초대로 356
電話／+82（0）2-522-5949
營業時間／09：00 ～ 22：00
Instagram 帳號／kamong.kr
交通／地鐵教大站（2 號、3 號線）1 號出口，步行約 7 分鐘。
怎麼走／從 1 號出口出來直走經過四個路口後，再走一下，即可在右手邊 2 樓看到。

幸福韓牛 행복한우

據這間韓牛烤肉店老闆透露，EXO 是他們家的常客喔！也曾經有粉絲在這裡遇見世勳，還上傳一頭金髮的世勳正在結帳的照片。這裡的韓牛都是 1＋ 或 1＋＋ 等級的（韓牛分五級，這兩級為最高等級），美味自然不在話下，價格也驚人。

這裡的裝潢看起來很「家庭式」，招牌甚至設計得有點老氣，不過味道倒是一分錢一分貨，肉質甜美，真如店名一樣，邊吃邊覺得很幸福。

雖然網路上沒什麼資料，但其實很多粉絲都知道這裡。Fion 去的時候還遇到日本粉絲為了 EXO 專程前來用餐。

幸福韓牛 행복한우
地址（中文）／首爾市廣津區九宜江邊路 30
地址（韓文）／서울시 광진구 구의강변로 30
電話／＋82（0）2-446-6987
營業時間／11：00 ～ 22：00
交通／地鐵江邊站（2 號線）4 號出口，步行約 8 分鐘。

1 從 4 號出口出來，直走過馬路後右轉。

2 第 1 個路口左轉。

3 直走約 150 公尺，第 1 個斑馬線右轉過馬路。

4 接著第 1 個路口左轉。

5 再直走一下即可看到。

弘大組暴辣炒年糕 홍대조폭떡볶이

　　這間辣炒年糕是媒體寵兒，上過無數美食報導介紹就算了，連偶像明星們都知道它。像是 INFINITE 在綜藝節目《Sesame Player》第 1 集裡，就有跑到這裡吃炒年糕和血腸。而 EXO 則是在綜藝節目《SHOWTIME》第 2 集裡，來到弘大閒逛時，在燦烈的推薦之下來到這間店。常在弘大出沒的燦烈還說：「來到弘大就必須吃這間的年糕！」看來這是他平常就會來的店呢。而且我跟店內的高中生客人攀談，他們也是第一次來，還主動跟我說：「這是 EXO 在《SHOWTIME》節目時來過的店。」看來託 EXO 的福，這裡也增加了不少客人上門。

　　店名叫做「組暴」，是組織暴力的縮寫，其實就是黑道流氓的意思。聽說是因為老闆長相兇狠，所以取了這個名字。早期這裡只是路邊攤，老闆除了長得兇之外，聽說從開店以來服務態度都一直不太友善，不過客人們莫名地喜歡他這一套，就這樣從路邊攤發展到店面，至今已 30 年。

　　來這裡必點的是辣炒年糕（조폭떡볶이，Topokki）和血腸（옛날순대，soondae），EXO 還另外點了魚餅（부산오뎅，一人份有三枝）。一般臺灣人比較不敢吃血腸，建議炒年糕和血腸都點，這樣血腸可以沾著炒年糕的醬一起吃。

　　這間店的營業時間很長，從中午 11 點開到早上 6 點，中間只休息 5 個小時。很方便到弘大夜生活玩耍後，想要暫時補充一下熱量的人。

怎麼走

1 從 1 號出口出來直走約 300 公尺,遇到一個大的 T 字路口後左轉。

2 直走約 150 公尺,第 1 個路口左轉就可看到。

弘大組暴辣炒年糕홍대조폭떡볶이

地址(中文)/首爾市麻浦區和諧廣場路 60

地址(韓文)/서울시 마포구 어울마당로 60

電話/+82(0)2-337-9933

營業時間/11:00 ～ 06:00(最後點餐 05:30)

交通/地鐵上水站(6 號線)1 號出口,步行約 7 分鐘。

秀練歌坊

弘大這間秀練歌坊，是 EXO 在綜藝節目《SHOWTIME》第 11 集接受考驗的地方。他們一人被關在一個小包廂裡，要針對同個問題做出一致的回答，通過默契考驗才能逃出。問題很多樣化，甚至還有「伯賢現在去便利商店買的是什麼東西？」這種高難度的問題（伯賢去的 7-11 也就在同條街上喔）。

韓文的「練歌坊」，就是臺灣的 KTV。不過韓國人的 KTV 是純唱歌，不像臺灣可以點餐、吃 buffet、喝酒（少數韓國 KTV 可點餐點酒，但較貴且晚上入場需驗證件）。秀練歌坊在韓國算是走高級路線，包廂大、裝潢美、光線明亮加上價格實惠，很受學生歡迎。而 EXO 來的這間店，是屬於小包廂的「兩人包廂」，只有一張僅擠得下兩個人的歐式沙發椅。

這裡點歌也是看歌本然後用遙控器輸入號碼，或是用遙控器可直接在電視螢幕上搜尋歌曲。不過遙控器都是韓文界面，中文歌也多半是老歌。建

▲內部照片由秀練歌坊提供。

議有學過韓文的人再來此玩耍，不然會很無聊啊！

　　只要付韓幣 1000 元（約等於臺幣 30 元）就可以飲料無限喝到飽。另外櫃檯有 EXO 的簽名，別忘了照相喔。

時　段	收　費	
09：00 ～ 12：00	韓幣 2,000 元	皆為 1 人 /1 小時的價格
12：00 ～ 18：00	韓幣 7,000 元	
18：00 ～ 20：00	韓幣 12,000 元	
20：00 ～ 00：00	韓幣 15,000 元	

怎 麼 走

1 從 1 號出口出來直走約 300 公尺，遇到一個大的 T 字路口後左轉。

2 直走約 150 公尺，第 1 個路口右轉後再走一下就到了。

秀練歌坊
地址（中文）／首爾市麻浦區細橋路 16，5 樓
地址（韓文）／서울시 마포구 잔다리로 16, 5 층
電話／+82（0）70-4145-3115
營業時間／09：00 ～ 00：00
官方網站／http ://skysu.com/
交通／地鐵上水站（6 號線）1 號出口，步行約 8 分鐘。

401 烤肉店（原八字烤腸）

這間由《Running Man》主持人哈哈經營的烤肉店，為何會放在這裡介紹呢？因為 EXO 在《SHOWTIME》第 2 集時來到這裡。當集的主題是「EXO 結束工作後會做什麼？」成員們就來到弘大一帶，大吃特吃。

哈哈在演藝圈的好人緣是眾所皆知，他開的店也有不少明星捧場，店內掛滿了明星的簽名，而哈哈自己也很常出現在店內。EXO 來這裡除了吃烤腸之外，還點了傳統便當（도시락；Lunch Box，韓幣 4000 元，約臺幣 120 元），裡面只簡單放了白飯、香腸、荷包蛋、小菜以及醬料，用力地搖過之後變成紅紅的拌飯就可以吃了。

不過這裡在 2014 年的時候，從八字烤腸換成 401 烤肉店。同樣的位址，一樣是哈哈經營，只是換了招牌和裝潢。同時菜單也變成專賣濟州豬

1 從 3 號出口出來直走約 300 公尺，遇到 Bobo Hotel 後右轉。

2 繼續直走，第 3 個路口即是 401。

肉，沒有烤腸了（但便當還是有的）。雖然吃不到 EXO 吃過的烤腸，豬肉味道不錯，又可能遇到明星，還是可以排進行程。

　　只是 Fion 從 2013 年到現在，造訪過這間店四、五次，這裡的服務態度始終如一地不友善，店員臉臭就算了，甚至有次我把烤焦的肉撥到一旁（店員會主動幫客人烤），店員還無視於肉已經焦黑、硬是要繼續烤，讓我覺得不是很專業。

401 烤肉店（原八字烤腸）
地址（中文）／首爾市麻浦區細橋路 23 號
地址（韓文）／서울시 마포구 잔다리로 23
電話／+82（0）2-325-0805
營業時間／16：00～04：00（週一～週五）
　　　　　12：00～05：00（週六）12：00～02：00（週日）
交通／地鐵合井站（2 號線）3 號出口，步行約 8 分鐘。

Viva Polo 義式餐廳 비바폴로

　　這間由燦烈的媽媽所經營的義式餐廳，從 1 樓的樓梯入口開始，就可以感受到濃濃的粉絲愛，沿著樓梯全部貼滿燦烈的照片和粉絲信。進到餐廳內，更是處處有著燦烈的照片、雜誌封面、疑似學生時節的清秀大頭照、懶熊玩偶、粉絲製作的應援物、手工卡片……等等，甚至還有姊姊的照片和雜誌專訪，當然還有 EXO 成員們來捧場的簽名囉！

　　燦烈的媽媽常在這裡顧店，不僅態度親切也很懂粉絲心，會認真找位子幫粉絲把留言或卡片貼在牆上，不會收下就丟著不管。如果看到粉絲拿出特別的照片或物品，還會主動搭話，超級會做公關。

　　這裡有賣義大利麵、披薩（義式薄的）、沙拉、濃湯……等，味道都

還不錯。雖然價位偏高，不過分量十足，兩人來吃的話會滿飽的喔！

　　燦烈偶爾會到店裡，但頻率不高。有時候燦烈姊姊也會來幫忙，不過最容易看到的還是燦烈媽媽囉！媽媽很美也很有氣質，姊姊也是大眼美女，這家人的美貌DNA實在是太令人羨慕啦！（不過燦烈媽媽說她不接受拍照喔。）

Viva Polo 義式餐廳비바폴로
地址（中文）／首爾市江東區良才大路1631，2樓
地址（韓文）／서울시 강동구 양재대로 1631 ,2 층
電話／+82（0）2-442-7885
營業時間／11：30～22：00（每個月第一個週一公休）
官方網站／http://www.vivapolo.co.kr/（此為總店網頁）
臉書粉絲專頁／https://www.facebook.com/vivapoloym
微博／http:///www.weibo.com/u/5047887345
　　　（粉絲專頁和微博是燦烈媽加盟店所經營的。）
交通／地鐵明逸站（5號線）1號出口，步行約10秒。

從1號出口一出來後馬上右轉，右手邊的2樓即是。雖然很好找，但因為店在江東，離首爾市中心比較遠。搭地鐵的話，從江南過去要半小時，從明洞要40分鐘，從弘大就更遠了，要將近1小時。

Good World 좋은세상만들기

　　燦烈的爸爸常在 FB 或微博上，曬出燦烈或其他 EXO 成員的照片，所以也是粉絲們「關愛」的對象之一。他在地鐵堂山站附近經營一間 Live Pub，除了可喝點小酒之外，還有 Live Band 的演出。除了燦烈來過之外，EXO 的成員們也都來捧場過，牆上掛有成員們簽名的吉他，是粉絲必照相之處。

　　原本這裡只有晚上才有開，不過在 2016 年 3 月時，改成白天也有開張喔！白天從早上 10 點半開始營業，有漢堡、三明治、蛋糕、咖啡、茶、果汁等餐飲。晚上則維持之前的模式，是可以一邊喝酒一邊聽 Live Band 表演的空間。

　　店裡除了滿滿的燦烈照片和海報之外，也有其他成員的照片。燦烈爸爸很常在店內，即使語言不通也會很努力和客人互動。我剛好因為拍照，同一天之內見到燦烈爸爸又見到燦烈媽媽，忍不住跟朋友戲稱：「這根本是燦烈粉絲的見公婆行程。」

　　記得翻晚上版的菜單來看（就放在門口旁邊的架上），最後一頁有滿滿的燦烈生活照，以及 EXO 在店裡的大合照！

怎麼走

1 從 3 號出口出來後，馬上右轉直走。

2 直走到底後，即可在左手邊看到。

Good World 좋은세상만들기

地址（中文）／首爾市永登浦區楊坪路 12ga 街 14

地址（韓文）／서울시 영등포구 양평로 12 가길 14

電話／＋82（0）70-4412-5700/010-9006-5700

營業時間／10：30 開始（白天時段）18：00 ～ 01：00（晚上時段）
　　　　　（Live 演出時間 20：30 ～ 23：30）（週日公休）

臉書粉絲專頁／https://www.facebook.com/goodworld1127

微博／http://www.weibo.com/goodworldseoul

交通／地鐵堂山站（2 號、9 號線）3 號出口，步行約 6 分鐘。

4

實力堅強的弟弟團
SHINee

出道時被定位為弟弟團的 SHINee，主打姊姊粉絲市場。不過可別以為弟弟團只是會撒嬌，他們的實力非常堅強，可以完美消化複雜的舞步之外，唱現場的功力也被公認跟 CD 幾乎一模一樣，還有「CD 團」的暱稱。

COFFEED 커피드

這間來自美國紐約的咖啡店，在海外的第一間分店，選在首爾。於 2015 年 1 月開幕後，因為店址就正好在 FNC 的正後方，離 SM 走路也只要三分鐘，加上氣氛好、咖啡也好喝，成了附近藝人、經紀公司工作人員的愛用店。Key 在 2015 年 7 月、8 月都有上傳在此喝咖啡的照片，頻繁到讓人不禁懷疑他是否有投資入股啊！

除了因為交通方便，這裡空間寬敞，氣氛佳，藝人愛來之外，品牌也會選在這裡辦活動。像 SK2 就曾在這裡舉辦新品發表會，找了女演員李沇熹出席。所以來此喝杯咖啡，不僅容易碰到藝人，說不定還會碰上媒體活動。

我來的時候，剛好聽到有人來幫 Gary（Leessang 成員，韓綜《Running Man》的主持人之一）外帶義大利麵。感覺這裡除了咖啡之外，簡餐應該也很讚，不然怎麼連 Gary 都想外帶！不過我後來再去，店裡的食物品項只剩三明治，沒有義大利麵喔。

COFFEED 커피드
地址（中文）／首爾市江南區島山大路 85 街 40-14
地址（韓文）／서울시 강남구 도산대로 85 길 40-14
電話／+82（0）2-512-3567
營業時間／07：00～23：00（週一～週四）07：00～00：00（週五、週六）
　　　　　09：00～22：00（週日）
官方網站／http：//www.coffeednyc.com/（此為美國總公司官網）
韓國分店臉書粉絲專頁／https://www.facebook.com/COFFEEDKOREA/
交通／地鐵狎鷗亭羅德奧站（盆塘線）2 號出口，步行約 18 分鐘。

此店就位於 FNC 經紀的正後方，請翻 168 頁，參考到 FNC 的路線圖，就可以找到這間店了。

Bread and Supply Co

　　這間麵包店就在離 SM 公司走路 8 分鐘的巷子裡。SHINee 在 2015 年年中錄《Music Bank》節目，走進電視臺時手上就拿著這家店的袋子。這是間賣麵包、三明治、餅乾、咖啡、果汁……等的精緻小店。除了麵包之外，還有販售可愛的環保購物袋（韓幣 25000 元）。店內空間很小，只放了兩套桌椅，大部分客人都是外帶。

　　這裡洋溢著歐式氣氛，麵包的包裝也挺別致，是用半牛皮紙、半透明塑膠的袋子，還貼有麵包店專屬的 logo 貼紙，帶著濃濃文青風。Fion 買了巧克力吐司（초코마블식빵；choco leaf bread），要價韓幣 3500 元（約臺幣 105 元），在物價昂貴的江南地段，並不算貴，不過味道普通。朋友買了韓幣 4800 元的 Egg Salami Sandwich（에그살라미샌드위치），説很好吃。

　　從這間店出來後，左轉走到底再右轉就可看到 SM 經紀公司。如果想從狎鷗亭羅德奧站走到 SM 的話，可以中途在這裡休息一下。

1 從 2 號出口出來後一直直走,在看到大十字路口前倒數最後一個小路口左轉。

2 左轉直走後,第 2 個路口再左轉。

3 走個幾步就可看到了。

Bread and Supply Co

地址(中文)／首爾市江南區島山大路 83 街 13

地址(韓文)／서울시 강남구 도산대로 83 길 13

電話／+82(0)2-3446-8979

營業時間／09:30 ～ 21:30

臉書粉絲專頁／https://www.facebook.com/breadandsupply

交通／狎鷗亭羅德奧站(盆塘線)2 號出口,步行約 12 分鐘。

大韓劇場清潭店 대한극장청담점

　　這間帶有濃濃復古味的烤肉店，是高檔韓牛專賣店，鐘鉉曾經在 Instagram 上傳在此用餐的影片。他拍的影片，就是這間店最有名的「大火烤牛肉」。店員會先用桌上的鐵盤，將牛肉兩面煎過，接著把牛肉剪成骰子牛肉的大小，再淋上烈酒，並用噴槍加熱，此時鐵盤就會燃起近 1 公尺高的大火！畫面還頗為嚇人，幾乎每位客人都會忍不住錄影。

　　烤好的牛肉，店員會另外拿個架子架在鐵盤上，讓牛肉可以保溫，又不會因熱度而烤得過熟，頗為貼心。鐵盤還會放上各種小菜和生鮮蔬菜，包括金針菇、洋蔥、拌韭菜、炸大蒜、蘿蔔泡菜……等，也都很好吃。韓國人習慣把肉和韭菜夾著一起吃，不過 Fion 覺得這裡的牛肉品質很好，單吃或是沾點鹽巴最美味。

　　擔心吃不飽的話，可以加點傳統便當（추억의도시락），就是簡單的白飯、荷包蛋、火腿、韓式拌醬、小魚乾。吃之前猛力地搖晃便當盒，就成為簡單拌飯。雖然看起來不怎樣，但味道卻是美味，是 Fion 每到吃不飽的烤肉店都必點的料理。值得一提的是，小菜裡包含一碗蘿蔔牛肉湯，味道非常臺式、好喝，連不愛喝湯的我都忍不住把它全喝光了。

　　如果要看「火烤秀」的話，得點裡脊肉（등심），其他的肉類是直接在鐵盤烤的，沒有上演大火秀。韓牛本身就貴，這裡提供的又全是高級貨，所以兩個人吃下來，臺幣 2000 元跑不掉。不過這裡離 SM、JYP 都近，加上此店似乎與演藝圈關係匪淺（Fion 還去過狎鷗亭分店，跟清潭店一樣，裡面有超多藝人簽名），經常有明星造訪。除了 SHINee 之外，也曾經有粉絲目睹 GOT7 的 Jackson 在此用餐喔。

1 從 13 號出口出來後一直直走,看到大十字路口順著路左轉。

2 左轉後第 1 個路口右轉過馬路。

3 過馬路後繼續直走進巷子裡,第 1 個路口左轉。

4 再走幾步就看到了。

大韓劇場清潭店 대한극장청담점

地址(中文)／首爾市江南區狎鷗亭路 79 街 54

地址(韓文)／서울시 강남구 압구정로 79 길 54

電話／+82(0)2-3446-8977

營業時間／11：00〜03：00

交通／清潭站(7 號線)13 號出口,步行約 14 分鐘。

鯷魚湯麵 멸치국수집

珉豪曾經來這間小小的麵店用餐，還照下照片。而且這裡營業 21 小時（只有早上六點到九點休息），很方便作息不正常的演藝人員，連 Super Junior 的強仁、東海也曾來過。

如果以臺灣料理來比喻，這裡就是陽春麵專賣店吧。招牌的鯷魚湯麵（멸치국수）口味非常清淡，麵體則是類似壽麵的白色細麵，配料包括蛋絲、海苔、蔥。韓國人一般會自行撒上胡椒來調整鹹度。

白色湯頭的牛骨湯麵線（사골곰탕국수），則稍微有味道一點，類似雪濃湯。不過還是要撒鹽來吃，不然真的太淡了。吃不慣清淡口味的，建議點拌麵來吃，會比較有味道。

這間店的點餐方式很適合觀光客，一進門先在右手邊的販賣機，點選你要的口味和數量，然後放進紙鈔即可。有圖片可看，又完全不用和店員對話。選單中的第 1 頁和第 2 頁完全一樣，第 2 頁只是加大分量的意思，所以價錢也比第 1 頁貴一點。如果很餓的話，再選第 2 頁的喔。

值得一提的是，麵雖然清淡，不過泡菜很好吃又夠味！泡菜是自取的，放在檯子上的小甕裡，要吃多少自己夾。

1 從 13 號出口出來，直行約 8 分鐘，遇到 1 個很大的三岔口，順著左邊的路走。

2 看到藍底白字的 102 길路牌時，向右轉過大馬路到對面。到對面後左轉，經過夜店 Answer 之後不久就到了。

鰻魚湯麵멸치국수집

地址（中文）／首爾市江南區島山大路 535

地址（韓文）／서울시 강남구 도산대로 535

電話／+82（0）2-541-5222

營業時間／09：00 ～ 06：00（中秋、春節休息）

交通／7 號線清潭站 13 號出口，步行約 12 分鐘。

Miel 미엘

　　這間很低調的咖啡廳，聽説是 SM 藝人愛來的店之一。SHINee 的 KEY 跟模特兒好友朴亨燮（박형섭）就常在此出沒。朴亨燮和 KEY 都是大邱出身，從小就認識，現在則各自在演藝圈、模特兒界有成功的發展，也時常碰面。朴亨燮和 KEY 就曾在此店自拍後上傳 twitter。

　　這間店走低調文青路線，除了是咖啡店之外，也是藝廊，持續展出不同的藝術作品（展覽主題和時間可上官網查詢）。這一區的咖啡店可説是江南中的江南，價格非常驚人，以拿鐵為例，一杯要價韓幣 11000 元（約臺幣 330 元）。飲料之外也有提供餐點、甜品和紅白酒，而且竟然有舒芙蕾這道必須現點現做的高難度甜點，價格還比咖啡便宜呢。

　　除了 KEY 之外，聽説 2PM、T-ARA 也曾來過這裡，網路上還有人説在這裡遇過 BIGBANG。加上附近有很多明星會去的美容室，是間撞星率還滿高的咖啡廳。

 怎麼走

1 從 3 號出口出來直行後第 2 個路口（有個加油站）右轉（是個往上的斜坡）。

2 直行第 3 個路口左轉。

3 再走幾步即可看到。

Miel 미엘
地址（中文）／首爾市江南區島山大路 67 街 13-12
地址（韓文）／서울시 강남구 도산대로 67 길 13-12
電話／+82（0）2-512-2395
營業時間／11：00 〜 01：00
交通／地鐵狎鷗亭羅德奧站（盆塘線）3 號出口，步行約 7 分鐘。

麵屋三代目 멘야산다이메

這間來自日本的拉麵店，一間店只擠得下十來個人，但美味又道地，連日本人都讚譽有加，也在首爾陸續開了多間分店。而新論峴店占了地利之便，更是明星愛造訪之處。包括 SHINee 和少女時代、金在中、名廚白宗元都有來過！甚至牆上還有東方神起的專輯加簽名（簽名版上還寫了長長的留言），感覺明星們真的很愛這裡啊。

在著手進行這本書之前，就有日本朋友帶我去過弘大的分店，是他們大力推薦的日本拉麵店之一。我吃的是韓幣 7000 元的豬骨拉麵（돈코츠라멘；Donkochu Ramen），湯頭濃郁，叉燒邊緣烤得微焦非常香。日本朋友則偏好沾麵（츠케멘；Tsukemen）。餃子也很好吃！（正式菜單上沒有，但櫃檯有貼，一份韓幣 3000 元。）

而且這裡下午沒有休息，很適合吃飯時間不一定的觀光客！另外店內都有日本服務生，如果會講日文的話，也可以用日文點菜喔。

麵屋三代目 멘야산다이메
地址（中文）／首爾市江南區江南大路 114 街 23
地址（韓文）／서울시 강남구 강남대로 114 길 23
電話／+82（0）2-546-4129
營業時間／11：30 ～ 22：00（下午無休）
官咖／http://cafe.daum.net/MENYA
交通／新論峴站（9 號線）3 號出口，步行約 4 分鐘。

1 從 3 號出口出來往反方向走。

2 第 1 個路口右轉。

3 右轉直走後，第 2 個路口左轉。

4 接著第 1 個路口馬上再右轉。

5 再走幾步就看到了。

Chin9 beer

　　這間店有很多演藝人員造訪，而且店家很貼心地把藝人來的日期、所坐的位置，特別標出來。因為空間大，又位在沒什麼觀光客的小巷，也是演藝圈工作人員常來的聚餐場所。像 SHINee 的珉豪就是在 2015 年 7 月 13 日，和劇組的人一起來訪的。除了珉豪之外，還有歌手李孝利、朴志胤、演員姜棟元、李東健……等人曾來過。

　　這間店的名字 Chin9 取的是韓文「親估」（朋友）的諧音，而店員也真的像朋友一樣，服務非常親切，一旦知道你是粉絲，就會主動帶你去想找的明星的座位（不過座位會移動的喔，像 Fion 去的時候，珉豪坐過的位子就被他們移到戶外去。）老闆說日本粉絲還滿常來的，臺灣粉絲比較少見。

　　來這邊主要就是吃炸雞配啤酒！兩個人來的話點一份就可以吃得很飽了。我吃的是 386 후라이드치킨（韓幣 16000 元），就是原味炸雞。味道還不錯，配餐的薯條也很好吃。炸雞分有骨頭跟沒骨頭的，Fion 吃遍韓國炸雞，覺得無骨炸雞吃起來比較沒有肉味，要吃就吃有骨頭的！

Chin9 beer
地址（中文）／首爾市江南區論峴路 150 街 24
地址（韓文）／서울시 강남구 논현로 150 길 24
電話／+82（0）2-547-8282
營業時間／ 17：00 ～ 03：00（每週日休息）
官方網站／ http ://chin9beer.co.kr/
交通／地鐵鶴洞站（7 號線）8 號出口，步行約 11 分鐘（因為搭公車很方便，又可
　　　省路程，建議搭公車）。

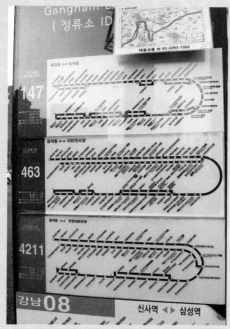

1 8號出口出來後直走，第1個公車站牌等公車。這個站牌的所有公車（藍色147、藍色463、綠色4211、綠色강남08）全部都可搭。前門上車，後門下車，上下都要嗶交通卡。第1站就立刻下車，聽到廣播時就要按鈴！

2 下車後再往前直走第1個路口（有個藍色的논현로150길的指路牌）右轉。

3 右轉後步行約200公尺即可看到。

Jang Sa Rang 장사랑

　　這間位在住宅區的韓食專賣店，是在韓國人之間也人氣很旺的名店。而且位置隱密，離地鐵也遠，一般觀光客很少光顧，但聽說 SHINee 和 2PM 都是常客。

　　來到這裡，最推薦的就是韓定食（정식），一人份是韓幣 29000 元（約臺幣 900 元），聽起來有點貴，但菜色多樣化，有很多就連在韓國一般餐廳都難得吃到的韓食。加上分量十足，Fion 和朋友飽到吃不完，還打包帶走。

　　石鍋麵疙瘩（들깨수제비），是少見的芝麻湯頭，外表看起來普通，但有一股特殊的香氣，跟平常所看到重辣的韓國飲食完全不同。另外雙色的泡菜韭菜煎餅（김치부추전）也是我在韓國第一次吃到的口味，喜歡韭菜的人絕對不能錯過。還有碗裡放冰塊的橡子涼粉、火烤的碎肉煎餅、烤鯖魚、野菜炊飯……等，每一道都好吃，而且感覺很健康。

　　這間店位於地下室，從窄小的樓梯下去後，裡面別有洞天，裝潢散發濃濃的古味。座位數滿多的，大約有 40 到 50 組座位。Fion 是週日中午去的，下午一點多時已經全數坐滿，門口還有人在等呢。建議十二點之前就去，才不會等太久。

Jang Sa Rang 장사랑

地址（中文）／首爾市江南區彥州路 165 街 7-4
地址（韓文）／서울시 강남구 언주로 165 길 7-4
電話／+82（0）2-546-9994
營業時間／11：30 ～ 21：00（中秋及過年休息）
店家部落格／http://blog.naver.com/glala36
交通／地鐵狎鷗亭站（3 號線）3 號出口，步行約 8 分鐘。

1 從 3 號出口出來後直行，第 1 個路口左轉。

2 左轉直行後再馬上左轉。

3 直直走看到一個小公園，右轉。

4 接著一直直走到底，左轉。

5 接著馬上再右轉。

6 第 2 個路口右轉，走一下就可以看到這間店的圓形拱門了。

123

The Coffee Bean & Tea Leaf
永東高分店 커피빈영동고앞점

　　這間是 SHINee 五人同時造訪過的咖啡店。2012 年 3 月時，韓國媒體 Dispatch 的記者，在路上偶然間遇到他們，就大拍特拍起來。感覺是 SHINee 剛結束某個通告之後，和工作人員一起到咖啡廳來休息一下。通常韓國人都是喝冰美式咖啡（即使是冬天也喝冰的），不過他們五個人有的喝美式，有的喝拿鐵，而泰民喝的則是粉紅葡萄柚汁，各有各的風格。

　　這間咖啡店是來自美國洛杉磯的連鎖咖啡店，在韓國也滿多分店的。SHINee 被拍到時，還在戶外的座位坐了一會兒，感覺非常自在（他們是坐在階梯比較高的那一側入口的座位）。來此造訪時，別忘了在門口座位照張模仿照喔！

5 號出口出來後一直直走，過十字路口大馬路後第 1 個路口轉角即是。

The Coffee Bean & Tea Leaf 永東高分店 커피빈영동고앞점
地址（中文）／首爾市江南區宣陵路 749
地址（韓文）／서울시 강남구 선릉로 749
電話／+82（0）2-544-3794
營業時間／07：30 ～ 00：00（週一～五）08：00 ～ 23：00（週六、週日）
官方網站／http://www.coffeebeankorea.com
交通／地鐵狎鷗亭羅德奧站（盆塘線）5 號出口，步行約 10 分鐘。

boy.+by supermarket 보이플러스

　　狎鷗亭這區真的有很多 select shop，其中韓國偶像的造型師們最常造訪的，可以說是這間 boy.+bysupermarket。知名韓國品牌 push BUTTON、韓星們極常穿上身的 Fleamadonna……都可以在這裡找到。

　　老闆和設計師、造型師們交情好，所以像是 SHINee 的鐘鉉和 KEY、Super Junior 的銀赫、INFINITE、少女時代、KARA、IU……都曾穿戴來自此店的衣服。

　　這裡的單品也比較搞怪顯眼，而且走的是中性路線，所以男生女生可以一起來逛。販售的小飾品都還滿特別的，雖然也是要上千元，但比起衣服算是容易入門許多。

　　店裡的櫥窗設計也不時會更換，都很有創意。最搶眼的就是玻璃上方白底黑圓點、宛如草間彌生的設計的裝飾，遠遠地就可以一眼認出來。

怎 麼 走

1 從 5 號出口出來後，第 1
個路口右轉。

2 直走後第 3 個路口就可
在右手邊看到。

boy.+by supermarket 보이플러스

地址（中文）／首爾市江南區宣陵路 157 街 16
地址（韓文）／서울시 강남구 선릉로 157 길 16
電話／＋82（0）2-548-5379
營業時間／ 11：00～22：00（全年無休）
交通／盆塘線狎鷗亭羅德奧站 5 號出口，步行約 3 分鐘。

PROST

KEY 在某年萬聖節時，曾打扮成電影蝙蝠俠裡的小丑來 PROST 玩耍，還在門前照了不少照片。PROST 也是梨泰院這一區最紅、最熱門的酒吧兼餐廳，週末經過這裡，一定都是坐滿了人，一位難求。

這裡提供各式酒類及美式飲食，菜單做成報紙的設計，老實說很不方便閱讀。但好處是全部都有英文，方便外國人點菜。晚上來這裡的顧客大部分都是點杯酒，最多再點份薯條，很少有大吃特吃的，店裡比較是酒吧的氛圍。

我在這裡吃過漢堡、薯條和烤雞，漢堡和薯條都很好吃。我點的是 Prost Classic Burger，漢堡排煎得五分熟，又香又多汁。除了生菜起司之外，還掺了一點豆泥，頗有墨西哥風味。不過烤雞就有點失敗，烤得太乾之外，附的醬料微甜，覺得很不搭。

這裡整體氣氛很熱鬧，角落還有飛鏢機可玩。唯一麻煩的是沒有帶位服務，得自己找位子坐，再招手請服務生給菜單。週末晚上最好七點以前來，不然就得站著等位子了。

PROST

地址（中文）／首爾市龍山區梨泰院路 27ga 街 26
地址（韓文）／서울시 용산구 이태원로 27 가길 26
電話／+82（0）2-796-6854
官方網站／http://mykinc.com/
營業時間／11：30 ～ 02：00（週日～週四）11：30 ～ 02：30（週五、週六）
交通／梨泰院站（6 號線）1 號出口，步行約 2 分鐘。
怎麼走／從 1 號出口出來後，第 1 個路口右轉。直走到底再右轉，就可看到了。

5

親和力NO.1的
Super Junior

當初 Super Junior 一曲〈Sorry Sorry〉，說是帶動全世界的韓流風潮也不為過。SJ-M 還曾為了深耕大中華市場而來臺灣 long stay，是用心又樂於跟粉絲互動的藝人。

明洞 MOM House

喜歡圭賢的朋友一定要來的地方，因為這裡滿滿都是圭賢。從入口的海報、飲水機上的裝飾、電梯口的貼紙、走廊的壁貼……等，到處都有他的照片（房間內反倒沒有）。

這裡交通方便，就在明洞鬧區的馬路對面，可說是鬧中取靜。離地鐵近、機場巴士站也在走路 5 分鐘距離內。我朋友在 2015 年初入住，兩人房五天四夜才 12600 臺幣，並不算貴。而且規定是十一點要退房，但還滿通融的，大概快十二點才打電話來提醒。

不過這畢竟是民宿，不是飯店。所以房間小、隔音較差、

浴室小都是難免。浴室沒有乾溼分離，蓮蓬頭是從洗手檯再接出來的，所以洗澡時會把馬桶弄溼，毛巾和衛生紙最好先放到外面。

　　頂樓的風景不錯，有個小小的庭院可讓房客休息聊天，還有圭賢的手雕塑，可以跟他牽個小手。一樓附設的咖啡廳，也放滿了圭賢照片，以及各地粉絲的禮物。咖啡廳是非房客也可消費的，所以沒打算住此民宿的粉絲，只是想來咖啡店看看也是可以的喔。

照片皆由 Winnie 提供。

明洞 MOM House
地址（中文）／首爾市中區退溪路 22 街 11
地址（韓文）／서울시 중구 퇴계로 22 길 11
官方網站／ https ://www.mom2014.co.kr/
電話／ +82（0）2-779-0000
交通／地鐵明洞站（4 號線）2 號出口，步行約 2 分鐘。

怎麼走

1 從 2 號出口出來後，直走第 1 個路口右轉。

2 再走 80 公尺即可在左手邊看到（此路段為一個小坡）。如果行李重，建議從有電扶梯的 3 號出口出來，往後直走第 2 個路口左轉。

海底撈火鍋 하이디라오샤부샤부

　　圭賢是出了名的愛吃火鍋,他曾在各地的海底撈被粉絲目擊,包括北京、上海的分店,都有他的足跡。而位於明洞的海底撈,就在圭賢家人經營的民宿附近,是他和朋友常來造訪的愛店,網路上還有粉絲照到他和昌珉一同前來的相片。

　　首爾的海底撈也有修甲服務、免費爆米花、iPad 點餐……等。首爾店大部分是講中文的客人,韓國人反而不多。食物部分,中國朋友說味道跟中國分店差不多,但價格則比較貴。跟臺灣比較的話,像醬料部分臺灣是臺幣 50 元,首爾店則是韓幣 3000 元(約臺幣 90 元)。去過的臺灣朋友都說,臺灣的火鍋比較好吃,而且臺灣的麻辣鍋有鴨血、凍豆腐,但海底撈沒有喔。

　　另外,這裡座位極多,也有各式包廂,圭賢來都是坐包廂,聽說都是比較晚的時段才來(這裡營業到凌晨 3 點)。粉絲們有照到他出來拿醬料的畫面,所以如果你是為了圭賢而來的話,建議晚點來,然後問問店員可不可以讓你坐在醬料檯附近吧(店員會講中文)!

食物照片由「矮小姐的日常」臉書粉絲團所提供。

海底撈火鍋 하이디라오샤부샤부

地址（中文）／首爾市中區南大門路 78，SK 明洞大廈 2 樓

地址（韓文）／서울시 중구 남대문로 78,SK 명동밀딩 2F

電話／+82（0）2-6361-8260 ～ 2

營業時間／10：00 ～ 03：00（最後點餐 01：30）

交通／地鐵乙支路入口站（2 號線）6 號出口，步行 3 分鐘。

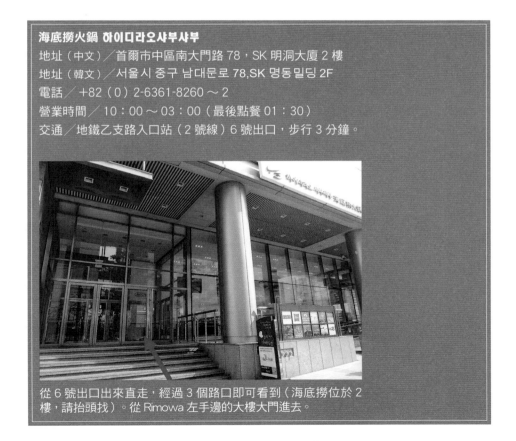

從 6 號出口出來直走，經過 3 個路口即可看到（海底撈位於 2 樓，請抬頭找）。從 Rimowa 左手邊的大樓大門進去。

東大門昌信洞辣豬腳 동대문창신동매운족발

　　這間 Super Junior 在《Guest House》去的辣豬腳店，就位在東大門附近的豬腳街上。這附近有非常多間豬腳店，但就屬這一間的客人最多，我週五晚上八點多來的時候，甚至還要排隊（晚上七、八點是尖峰，九點之後就不用排了）。

　　這裡有各種口味、部位的豬腳，店門口就可看到各式各樣的豬腳陳列在攤位上，還有工作人員在現炒豬腳，香味四溢。Super Junior 吃的是매운색쇠총족발（兩到三人吃中份的就好），是把豬腳切成一片片後，再次在火上拌炒，另外還有幾塊帶骨的豬腳，可以拿起來啃。不吃辣的人可能會覺得很辣，但我覺得這個辣度還可以接受，是好吃的辣。而且已經切成一片片的豬腳，吃起來很方便。

　　東海平常不太愛吃辣，邊吃邊辣到流淚。但銀赫和其他外國粉絲則都覺得沒什麼。另外銀赫還提供了一個解辣密方，那就是太辣的時候，吃口熱騰騰的白飯就可以解辣。

　　Fion 來吃的時候也有點了拳頭飯（주먹밥）（韓幣 2000 元），是白飯撒上海苔、白芝麻，戴上手套自己捏成一球球來吃。吃一口豬腳，再配一口飯，真的比較不辣。如果還是怕辣，可以再點可爾必思（쿨피스）（韓幣 2000 元）來喝，也很解辣。真的完全不吃辣，那就點營養豬腳（영양족발），是不辣的豬腳。

　　這間豬腳店很常被電視節目介紹，裡裡外外也有不少藝人的合照和簽名。外帶的人非常多，是間在地人也很愛的豬腳店。就連 Super Junior 中間的休息時間，工作人員們也蜂擁而上開始狂吃。陪 Fion 一起來、平常從不打包的朋友，甚至把剩下的豬腳打包回家，說明天在家裡要繼續吃，可見其美味的程度。

怎麼走

1 3 號出口出來，直走第 2 個路口左轉
（這路口有 wooribank 和 Artirum）。

2 接著遇到 Y 字路口，選左邊那條路。

3 再一直直走約 100 公尺即可看到店家。

東大門昌信洞辣豬腳 동대문창신동매운족발

地址（中文）／首爾市鐘路區鐘路 51 街 23

地址（韓文）／서울시 종로구 종로 51 길 23

電話／+82（0）2-3675-9689

營業時間／10：30～00：00（每月第 1、3 個禮拜一休息）

交通／地鐵東大門站（1 號、4 號線）3 號出口，步行 3 分鐘。

Mouse Rabbit Coffee

　　藝聲和弟弟（金鍾真）一起開的咖啡店，有時可以在店裡遇見藝聲。他有一陣子很常到店裡幫忙。我朋友就曾遇到藝聲站櫃檯，於是她買完一杯又排隊再買一杯，重複好幾次，到最後藝聲笑著叫她別再買了。

　　因為藝聲屬老鼠，而弟弟屬兔，所以店名就叫 Mouse Rabbit 囉！從看板 logo 上的老鼠、兔子耳朵，就可以看出這是間可愛走向的店，白色為基調的裝潢、老鼠和兔子的小擺飾、木質桌椅，再加上處處可見的綠意（打開店門第一眼看到的就是一棵樹），整體氣氛十分溫馨。

　　menu 包括咖啡、果汁、冰沙、茶等飲料，吧臺也有個蛋糕櫃可直接點。除此之外，店內還有各式周邊，像是水杯、馬克杯、手機殼、袋子……等可選購，設計都滿可愛的！

　　建大這一帶跟弘大有點像，是很多年輕學生喜愛來逛街、吃飯喝酒的地方。除了追星之外，也可以在附近逛逛喔。

怎麼走

1 從 2 號出口出來後往左走。

2 第 3 個路口左轉。

3 即可看到店家。

Mouse Rabbit Coffee
地址（中文）╱首爾市廣津區陵洞路 11 街 10
地址（韓文）╱서울시 광진구 능동로 11 길 10
電話╱＋82（0）2-462-4015
營業時間╱ 10：00 ～ 00：00
部落格╱ http：//mouse_rabbit.blog.me/%20
臉書粉絲專頁╱ https：//www.facebook.com/MouseRabbit8487
交通╱地鐵建大入口站（2 號、7 號線）2 號出口，走路 5 分鐘。

Mouse Rabbit Underground

　　這是 Mouse Rabbit 系列的第二家店！選在首爾最近興起的文青區域──西村（서촌）。這地方有點像是大稻埕，有許多老舊的店舖。這幾年新的文創店舖逐漸入駐，讓這地區糅合了新與舊的風情，不少雜誌、韓劇開始湧入取景。加上觀光客還不多，是個能夠舒服散步、逛逛小店的所在。

　　藝聲的第二間咖啡店取名為「Mouse Rabbit Underground」，跟 1 號店明亮溫暖的風格不太一樣，位在地下 1 樓，氣氛比較低調隱密，裝潢則帶點復古風。而且有提供酒精飲料，是個比較「大人風」的店。如果説 1 號店是下午去的，2 號店則很適合晚上和朋友在此小聚。

　　我很喜歡西村的悠閒氣氛，這附近還有個小有名氣的景點──通仁市場。通仁市場是個可以品嘗各式韓國家庭小菜的地方，用銅幣交易，很有趣。而 Mouse Rabbit Underground 離通仁市場不遠，走路只要 5 分鐘。即使不想追星，Fion 也強力推薦來通仁市場＋西村半日遊，體會韓國當地的傳統風情和文創潮流。

怎麼走

1 從 3 號出口出來,一直直走,到第 3 個路口前的公車站牌,搭公車鐘路 09(上下車都要刷交通卡)。

2 上車後第四個站下車。1. 칠성약국 2. 오거리 3. 통인시장 종로보건소 4. 박노수미술관(在這一站下車,但這裡沒有站牌)。下了車,往回走一下就可以看到了。

回程走法

這個小區巴士有很多站都沒設站牌。請到剛剛下車的地方對面等,巴士看到你就會停下來。回程的路線剛來時有一點點不同,請不用擔心。

Mouse Rabbit Underground
地址(中文)／首爾市鐘路區玉仁街 23-6
地址(韓文)／서울시 종로구 옥인길 23-6
電話／+82(0)2-722-8487
營業時間／12:00 ～ 23:30(週一～週五)11:00 ～ 23:00(週末)
交通／地鐵景福宮站(3 號線)3 號出口,走路+公車約 9 分鐘。

WIKI CAFE 위키카페

晟敏開的這間咖啡店，雖然很明顯是「晟敏專屬」的咖啡店，但氣氛很好，景色也挺別致（2樓有一排面窗的位置，可以面對景福宮坐著發呆）。而且這間咖啡店位在曲折的小巷裡，找到這間店時，有種完成挑戰、發現桃花源的感動。

WIKI CAFE 是一整棟的、有自己的單獨庭園。建物一樓入口處，還有超大的一幅壁畫，畫著晟敏走在紅地毯上，被鎂光燈包圍。而他身邊的位置是空的，就是讓粉絲們去當他的紅地毯伴侶囉。這裡是所有粉絲必照相的所在，也陳列了很多晟敏的照片、海報、抱枕，以及粉絲們的應援物。還有一面牆貼滿了大家的留言。

除了蛋糕之外，也有馬芬、鬆餅、蜂蜜吐司等甜點，想吃鹹的也有。飲料除了必備的各式咖啡、茶、果汁之外，竟然還有調酒！

這裡雖然不好找，但是別有洞天。很適合午後在這裡喝咖啡放空。頂樓也有一個大露臺，天氣好的時候坐在外面，非常舒適。

1 從 1 號出口出來後，往右直走。

2 第 3 個路口右轉（轉進的是條小巷子）。

3 直走約 200 公尺，第 2 個路口左轉。

4 第 2 個巷口再右轉，再直走約 1 分鐘
即可看到。

WIKI CAFE 위키카페

地址（中文）／首爾市鐘路區三清路 22-21

地址（韓文）／서울시 종로구 삼청로 22-21

電話／+82（0）2-720-9073

營業時間／10：30～21：00

官方網站／https：//www.wikicafe.net/

臉書粉絲專頁／https：//www.facebook.com/wikicafe/

交通／地鐵 3 號線安國站 1 號出口，步行約 15 分鐘。

Grill5Taco 그릴파이브타코

　　這間墨西哥餐廳是連鎖的，但在江南清潭洞這間是東海的家人加盟的喔。東海的哥哥和媽媽常常在此顧店，媽媽是公關高手，會跟粉絲們搭訕聊天。我朋友去的時候，一進門就被搭訕，還被誇獎手環很好看，一直問說是在臺灣哪裡買的。朋友最後乾脆把手環送給東海媽媽，而媽媽也很阿莎力地送了朋友一個馬克杯做為回禮。

　　這裡的墨西哥捲餅很好吃，連我不吃辣的朋友，都因為太好吃而硬是吃完了。而且分量滿大的，女生一起來的話可以兩人分食。另外薯條也非常好吃，推薦一定要點（但也是需要分食的大分量）！

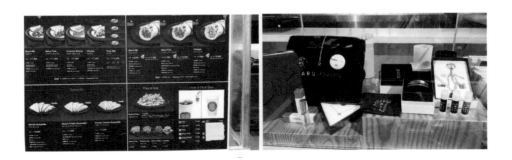

餐廳的空間很大，也很乾淨，牆上還掛有東海的攝影作品。這裡也有販售一些周邊商品，單價都不貴。

　　這間店沒什麼明星味，也不幫忙轉交粉絲禮物。東海本人偶爾會在此出沒，不過他不愛給「追」，通常是低調地在閉店前才來。

1 從 4 號出口出來，直走看到漢堡王後左轉。

2 過了一個路口就可在左手邊看到。

Grill5Taco 그릴파이브타코
地址（中文）／首爾市江南區宣陵路 152 街 15
地址（韓文）／서울시 강남구 선릉로 152 길 15
電話／+82（0）2-512-5549
營業時間／11：00 ～ 00：00
交通／地鐵狎鷗亭羅德奧站 4 號出口，走路 5 分鐘。

Why Style

　　藝聲應該是 Super Junior 之中副業最多的成員吧？除了兩間咖啡廳之外，還有這個眼鏡／墨鏡品牌「Why Style」。2012 年成立的這個牌子，一開始在明洞設有兩層樓的實體店面，藝聲本人也常在場，網路上就有不少粉絲分享巧遇並和他互動的文章。可惜現在這間店已經收起來了，想要遇到他，可能得轉戰咖啡廳碰運氣。

　　如果想買 Why Style 的眼鏡，確實比以往更方便。因為此牌進駐了百貨公司和免稅店，在首爾三個地方可以買到。如果想享受貴婦氣氛，可去狎鷗亭羅德奧站的 Galleria 百貨。想省時間，則去離明洞、東大門都近的新羅免稅店（但常常人很多，有點擠）。想順便逛新的免稅店，則可以去汝矣島 63 大樓的 Galleria 免稅店。

Why Style

官方網站／ http://whystyle.co.kr

Galleria 百貨名品館西棟 4F

地址（中文）／首爾市江南區狎鷗亭路 343

地址（韓文）／서울시 강남구 압구정로 343

營業時間／ 10:30 ～ 20:00（週一～四）10:30 ～ 20:30（週五～日）

電話／ +82（0）2-3449-4114

交通／地鐵狎鷗亭羅德奧站（盆塘線）7 號出口，步行 30 秒。

怎麼走／ 7 號出口出來右手邊即是。

Galleria 免稅店 63，2F

地址（中文）／首爾市永登浦區 63 路 50

地址（韓文）／서울시 영등포구 63 로 50

營業時間／ 09:30 ～ 21:00

電話／ +82（0）2-2136-2644

交通／ 1 號線大方站、5 號線汝矣島站和汝矣渡口站、9 號線汉流（賽江）站皆有接駁車可到，詳情請見 http://storecn.galleria-dfs.com/html/cn/index.html

新羅免稅店，B1

地址（中文）／首爾市中區獎忠洞 2 街 202

地址（韓文）／서울시 중구 장충동 2 가 202

營業時間／ 09:30 ～ 21:00

電話／ +82（0）2-1688-1110

交通／東大入口站（3 號線）5 號出口直走約 3 分鐘，即有免費接駁車可搭。

Yangpai 양파이

希澈在 2015 年 12 月時，於 SNS 上傳了一張他站在這間店門口、和招牌合影的照片（他站在招牌的右邊），另外還傳了一張青島啤酒的照片。這麼不掩藏、大剌剌地公開給所有人知道，不用從菜單、裝潢、菜色來猜測究竟是在哪裡，分明就是在邀請粉絲們前去用餐嘛！

不過去了之後，我就知道為什麼他不忌諱拍出店家招牌。因為這間餐廳是 Fion 去踩點的所有餐廳中，付帳時最心痛的一間。兩個人一頓吃下來要價韓幣 83000 元（約臺幣 2500 元）。看價格可能會以為是高級餐廳？裝潢美氣氛佳？No！它就是間專賣羊排的烤肉店。以烤肉店來說算是氣氛不錯，但本質上就是間烤肉店啊。

不過老實說，這裡的羊排真是鮮嫩好吃，小菜也非常精緻美味（有味道極臺的美味榨菜），我們另外加點的咖哩炒飯（카레볶음밥；韓幣 10000元）口味也非常棒。雖然付錢時心痛，但如果問我會不會想再來？答案是Yes。

這裡的羊排（생양갈비）一定要點兩人份。全程有店員代烤、剪塊，完全不用自己動手，負責吃就好。盤上有各式調味粉和沾醬，隨個人喜好沾用。另外還附有一盤薄餅，店員推薦沾上白醬，再用薄餅包著吃。Fion 則認為用小菜中的長葉子（영이나무），把羊肉捲起來吃最棒，羊騷味完全不見，只剩下羊肉的甜味，非常神奇。

價格雖貴，但每道料理都非常好吃。而且老闆個人的 Instagram 有許多明星合照，感覺和演藝圈關係極佳。加上這裡靠近許多明星住的漢南洞。如果荷包夠力，推薦來此一吃。

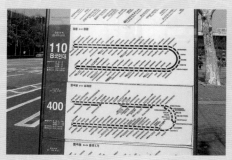

1 從 2 號出口出來後直走，遇到的第 1 個公車站牌等公車 110B。

2 從前門上車（上下車都要刷卡），在第 2 個站下車。以下列出會經過的站名 1. 서울시중부기술교육원 / 블루스퀘어（blue square）2. 순천향대학병원 . 한남오거리（Hannam O-Gori）這一站下車（後門下車）。

3 下車後直走，上天橋。

4 過大馬路到對面，右轉下天橋。

5 第 3 個路口左轉。

6 第 1 個路口右轉就可看到。

回 程 走 法

1 回到剛剛的天橋，不過這次不用走天橋，直接經過它，一直往前走，經過加油站。

2 過加油站後會看到一個公車亭，在此等公車搭原路線回去即可。

Yangpai 양파이

地址（中文）／首爾市龍山區讀書堂路 65-11

地址（韓文）／서울시 용산구 독서당로 65-11

電話／+82（0）2-794-1105

營業時間／17：00~00：00

交通／地鐵漢江鎮站（6 號線）2 號出口，換乘公車 110B 加步行約 10 分鐘。

50 FIFTY

　　挑高、大格框玻璃、粗獷的工業風，這間咖啡店（或者該說是餐廳？）已經開了約十年，能在清潭洞屹立不搖，讓明星頻繁光顧，必定有其長處。

　　Super Junior-M 的第一張專輯《迷》的封面，就是在這裡的格框玻璃前拍攝。而藝聲也曾在 Instagram 上傳他和朋友在這裡的合照。

　　我個人覺得除了價位偏高之外，這間店幾乎可說是完美。菜單選項豐富，想簡單喝杯飲料，有咖啡、茶、奶昔、冰沙、啤酒、雞尾酒、紅白酒……可選，肚子餓了，有義大利麵、燉飯、沙拉、淡菜、薯條……可吃。

　　這間店的招牌並不高調，就簡單寫了 FIFTY 50 在外牆上。不過因為內牆上大大寫「no stress café」，所以一般人大多稱它為「50 FIFTY No stress Café」。但這裡出沒的都是型男型女，如果穿得太邋遢前來，應該會很有壓力。

▲這面大玻璃牆就是 SJ-M 第一張專輯封面的背景。

1 從 5 號出口出來，直行後第 2 個路口右轉。

2 右轉後往前直走約 5 分鐘，數來第 7 個路口就可以看到了。

50 FIFTY

地址（中文）／首爾市江南區彥州路 168 街 32

地址（韓文）／서울시 강남구 언주로 168 길 32

電話／+82（0）2-544-8050

營業時間／11：00 ～ 00：00（過年休息）

交通／地鐵 3 號線狎鷗亭羅德奧站 5 號出口，步行約 8 分鐘。

닭으로 家辣炒雞排

　　如果是銀赫的粉絲，一定知道這間他從練習生時期就常來吃的辣炒雞排！他在節目《Guest House》裡介紹後，希澈還在 Instagram 上傳了他和始源、東海、銀赫一起來此用餐的照片。

　　menu 很簡單，選第 1 個닭갈비就對了。剛上菜時還不能吃喔，是生的、醃好的雞肉，還有年糕、蔬菜……等。服務生會到處來回走動，幫客人炒，到他說可以吃的時候就開動。

　　這間店還另外附有生菜、大蒜和青辣椒。想體驗韓國人吃法的話，可以拿一片生菜，把雞肉、大蒜、青辣椒包起來，一口吃下。味道還滿刺激的。辣到受不了的話就喝附的黃瓜海帶冷湯，有解辣的作用。

　　最後如果還吃得下，可以點炒飯（밥볶음사리）來吃。不過通常這時候肚子都超級撐了，別太貪心，點個一人份分食就好囉。

怎麼走

1 從 5 號出口出來，往後面走。接著馬上左轉。

2 第 1 個路口左轉。

3 接著第 1 個路口右轉。

4 直走到底就是닭으로家辣炒雞排。

닭으로家辣炒雞排
地址（中文）／首爾市江南區彥州路 172 街 55
地址（韓文）／서울시 강남구 언주로 172 길 55
電話／+82（0）2-518-9936
營業時間／12：00 ～ 00：00
交通／地鐵 3 號線狎鷗亭羅德奧站 5 號出口，步行約 5 分鐘。

Kogi Kogi 烤肉 코기코기

　　這間是神童在韓國媒體上說過，自己常會光顧的烤肉店。除了 Super Junior 之外，這裡也是少女時代的愛店，店內貼了許多張簽名海報。這家店最有名的是各式香料、醬料醃過的三層肉，如果你知道韓國有名的「八色烤肉」的話，這裡就算是「八色烤肉」的高級版吧。雖然價格比八色烤肉貴，但肉醃得很入味，不是塗抹幾下就匆匆端上桌。

　　這裡也是日本觀光客之間流傳的名店，可能因為接待日本客人多了，所以服務也比其他韓國烤肉店貼心。像是除了醬料盤之外，每個人還有個小碟子；大醬湯上桌之後，也會另外送上小碗讓客人分食（一般韓國人是直接拿個人湯匙共喝一鍋湯），而菜單也有日文版。

　　不過這裡就跟江南所有的店一樣，價位都偏高。一人份的三層肉要韓幣 13000 元（約臺幣 390 元）左右，而且一般是免費附贈的大醬湯和蒸蛋，在這裡也得另外點。不過味噌口味的三層肉非常好吃，衝著味噌口味，我會想再來。

　　這裡有一整排落地玻璃，推薦坐在落地窗旁，這樣有任何藝人下車時都可以第一時間看到！

　　要注意的是，Fion 去的時候，中文版的菜單價錢還沒有更新，價格以韓文／日文版的為準。

1 從 6 號出口出來後直走,在第 3 個路口左轉。

2 直走第 2 個路口看到橋村炸雞,在此右轉。

3 馬上就可在左手邊看到。

Kogi Kogi 烤肉 코기코기

地址(中文)╱首爾市江南區彥州路 172 街 28

地址(韓文)╱서울시 강남구 언주로 172 길 28

電話╱ +82(0)2-543-4244

營業時間╱ 11:30 ～ 02:00(全年無休)

交通╱地鐵盆塘線狹鷗亭羅德奧站 6 號出口,步行約 8 分鐘。

清潭谷平價食堂 청담골

　　這間被暱稱為「演藝圈的員工餐廳」，位處江南的昂貴地段，卻是俗又大碗，許多明星都是這家店的常客。除了 Super Junior 愛來之外，少女時代、裴勇俊、孔侑……等演藝人員都曾來過。牆上貼了老闆娘跟明星們手勾手或搭肩的親密拍立得，足足超過 100 張。讓人忍不住想問他們是否有在召募工讀生。

　　重點是，這裡只要韓幣 7000 元（約臺幣 300 元）就可以吃到超過 10 種韓式小菜，還加上泡菜鍋及蒸蛋。菜單上都有中文，用比的就可以了。點餐時，一人點一個套餐。上菜時，會用一大木盤把所有小菜放在上面，是一起分食的。主菜則會另外放在別的碟子上。除了泡菜鍋和蒸蛋之外，所有小菜都可以續。拿起空的碟子，跟服務生說「더 주세요」（頭－除－ムㄟ ˇ －有）就可以了。

　　Fion 最推薦辣炒豬肉套餐（제육볶음백반）。Exid 的隊長率智則曾在節目上公開表示，她吃過這裡的烤刀魚套餐（갈치구이백반），覺得不錯。這裡的魚套餐，我吃過三種，覺得都很普通，不推薦。大部分韓國人是點個套餐，再另外點烤肉，然後一起分食。不過這裡烤肉價格偏高，我覺得點套餐吃就好。

　　建議兩個人來吃最剛好。因為小菜是大家一起吃的，人多的話，會有吃不夠的感覺（是可以一直續沒錯，但臺灣人臉皮比較薄，會不太習慣）。

　　有趣的是，韓幣 7000 元就可吃到的平價餐廳，卻有提供代客泊車的服務喔，要價韓幣 3000 元。果然很有江南 style。

怎麼走

1 4 號出口出來，直行約 6 分鐘後，到達 1 個大的十字路口，繼續直行過馬路到對面。到對面之後左轉直行。

2 直行第 4 個路口右轉。

3 接著第 1 個路口左轉，走個幾步就可看到。

清潭谷平價食堂 청담골

地址（中文）／首爾市江南區宣陵路 148 街 48

地址（韓文）／서울시 강남구 선릉로 148 길 48

電話／+82（0）2-3443-1252

營業時間／週間 09：00 ～ 23：00（最後點餐時間 22：30）

　　　　　週末 09：00 ～ 22：00（最後點餐時間 22：30）（中秋及農曆過年休息）

交通／地鐵 3 號線狎鷗亭羅德奧站 4 號出口，步行約 15 分鐘。

Bo Angju 보앙주

　　她的手摸過無數明星的臉和身軀，藝人們也很習慣在她面前寬衣解帶……這個人就是 Bo Angju 的院長노은희。她幫演藝人員按摩已經有十五年以上的經驗，是演藝圈內有名的按摩神手，常有人拍攝前一天特別來找她按摩。Super Junior 的始源、晟敏、銀赫都曾來此做按摩／護膚課程。除了始源之外，許多大咖藝人和偶像團體也很常來，像是蘇志燮、IU、李孝利、Wonder Girls、Beast……都是常客。

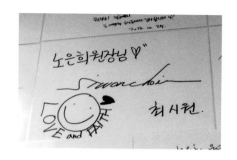

院長本人也很常出現在媒體上，像是綜藝節目《我獨自生活》裡，神話成員金炯完在過生日當天，就來這裡做臉部按摩。

這間店藏在辦公大樓的地下 2 樓，裝潢並不是很華麗的那種，而是比較居家溫馨的氣氛。最華麗的裝飾應該是滿牆的藝人簽名以及合照，是寫此書造訪過的藝人簽名數量最多的店。如果想體會韓國藝人們的保養行程，一定要來此一試，但一定要事先預約。

而我在跟店員聊天時，陸續有兩位顏值破表的韓國人熟門熟路地走進來，一句話也沒說，就直接被店員領往店裡，感覺就是藝人！可惜我很不會認人臉，不知道他們是誰啊。

Bo Angju 보양주
地址（中文）／首爾市江南區永東大路 731 地下 2 樓
地址（韓文）／서울시 강남구 영동대로 731 지하 2 층
電話／+82（0）2-543-9094/011-9873-6616
營業時間／08：00 ～ 17：00（週一）08：00 ～ 19：00
　　　　　（週二〜五）週六依預約情況營業，週日休息。
官方網站／http://www.reh.co.kr
部落格／http://cafe.daum.net/boangju
E-mail／eunhee4212@naver.com
基本保養課程／肩＋顏＋胸＋手部護理 ▶ 80 分鐘 ▶ 150000 韓元
　　　　　　　（刷卡的話 160000 韓元）
　　　　　　　建議提早預約（電話或 E-mail 皆可），週一～五較好預約，週六幾乎預約不到。
交通／地鐵 7 號線清潭站 13 號出口，步行約 5 分鐘。

從 13 號出口出來，往前直走。經過 2 個路口後繼續走，看到有個 Woori 銀行的辦公大樓就是了。

Uchino Curry 우찌노카레

　　這間咖哩店，希澈和神童都有來吃過，而晟敏也在神童的推薦下，帶著銀赫和東海錄製節目《Guest House》來到這裡。這裡的咖哩共有五種辣度，0 階是完全不辣，第 4 階則是最辣。下午兩點到三點是此店的「挑戰時段」，敢挑戰第 4 階、能夠全部吃完的客人，就可以不用付錢。希澈和神童也有挑戰，希澈是失敗收場，神童則是連醬汁都全部吃光。

　　而銀赫在節目中因猜拳輸了被選中挑戰第 4 階，他雖然成功完食，但吃的時候狂灌水，還配著牛奶解辣，最後才勉強全部吃完（實際挑戰時是不能夠喝水的，且要在時段內吃完才行）。

　　Fion 不敢挑戰，只點了 1 階的辣度，同行的朋友們則分點了 2、3 階。上菜時會用旗子標明，黃色是 1 階，藍色 2 階，紅色是 3 階。說真的，1～3 階其實不會太辣，都很好入口。但第 4 階因為用了大量的青陽辣椒下去煮，所以變得非常辣，連同行的韓國朋友都說不敢挑戰。不過看店內的紀錄海報，還是有很多人挑戰成功。

　　這裡的咖哩雖說是日本咖哩，卻沒有一般日本咖哩帶點香甜的味道，反而是辣椒的味道比較明顯，讓我有點失望。另外，這裡因為是辦公區，中午時段有很多上班族，建議避開中午尖峰時段。

 怎 麼 走

1 8 號出口出來直走，在到達第 4 個路口前，看到 Angel in us 咖啡店，在此右轉，走到這棟大樓的後方。

2 右手邊即可看到這間店。

Uchino Curry 우찌노카레

地址（中文）／首爾市江南區宣陵路 524

地址（韓文）／서울시 강남구 선릉로 524

電話／+82（0）2-2051-0908

營業時間／11：00 ～ 22：00（每月第 1、3 個禮拜一休息）

交通／地鐵宣陵站（2 號線、盆塘線）8 號出口，步行 4 分鐘。

Chocolat bonbon 쇼콜라봉봉

　　銀赫的家人原本是加盟韓國連鎖麵包店，結束加盟之後，2014 年 8 月時在原址開了新的麵包＋咖啡店，販賣各式蛋糕、麵包、咖啡及各式飲品。店面走潔白的公主風，處處可見玫瑰、蝴蝶結、愛心、巴黎鐵塔的小裝飾。還有代表銀赫的男孩玩偶，以及代表 ELF（Super Junior 粉絲的稱號）的女孩圖樣。

　　牆上還掛有男、女孩的小插圖，代表著銀赫和 ELF 約會相處的情況。店中也有販賣男女孩圖樣的相關商品，像是馬克杯、小玩偶、隨身瓶……等。

　　韓國的麵包比臺灣貴很多，即使是簡單的小麵包都要臺幣 50、60 元以上，一條吐司通常是百元起跳。Chocolat bonbon 在韓國算是中等價位。不少粉絲會在此點個飲料和蛋糕，然後就靜靜地窩著等待。銀赫偶爾才來，不過銀赫媽媽倒是很常出現。

　　這裡還有提供便利貼，可以寫下你想對銀赫說的話，貼在鐵塔旁邊。我覺得如果想要突出一點，可以自己帶便利貼，再做點小設計會比較顯眼（但也不能太大張，不然會被撕掉）。

Chocolat Bon Bon 쇼콜라봉봉
地址（中文）／首爾市九老區數碼路 26 街 5
地址（韓文）／서울시 구로구 디지털로 26 길 5
電話／+82（0）2-6220-3927
營業時間／08：00 ～ 22：00（週六為 10：00 ～ 22：00。週日公休）
交通／地鐵 2 號線九老數碼園區站 1 號出口，走路加公車約 14 分鐘。

1 從1號出口出來，下樓梯後左轉。

2 在第2個月臺搭公車5616號（前門上車，後門下車，上下車都要刷交通卡）。上車後第4站下車。1. 구로디지털단지역（Guro Digital Complex Station）2. 구로 E 마트（Guro E-mart）3. 디지털산업1단지（Digital 1 Complex）4. 만민중앙교회정류장（Manmin Yunyang Church）（在這站下車）。

3 下了車後往回走，第1個路口過馬路，就可以看到了。

1 回程也是搭公車較方便。出店門後往左邊走一下，有個公車站。在此搭5536號公車。

2 第三站即是 구로디지털단지역（Guro Digital Complex Station），在此下車即可。

Kiss the radio（KTR，슈키라）

　　這個由 Super Junior 成員主持的廣播節目，從 2006 年開播至今，可説是壽命最長的偶像廣播節目了。不時會在 KBS 電臺一樓的透明錄音間裡做 Live 播送，因為可以看到偶像本人，所以成了粉絲們的兵家必爭之地。

　　剛開始是由利特和銀赫主持，之後換成晟敏和厲旭。而 2013 年則改由厲旭一人主持。週一〜週五每天晚上十點〜十二點（韓國時間）播送，幾乎每一集都會邀請嘉賓前來（有時會有 SJ 的成員做代班 DJ）。

　　要來之前，得先看看哪天才有在透明錄音間做直播。可上官網看每週來賓名單（http://www.kbs.co.kr/radio/coolfm/kiss/notice/），最下面有日期、粉色字的，就是來賓名單。

　　點進去後會看到來賓的照片以及日期，都是韓文，但不用怕，看關鍵字就好。例如 03 월 03 일就等於 3 月 3 日。同一段的最後面有用紅字寫著＊보이는라디오＊（看得到的廣播）那就代表他們會在透明錄音間裡錄節目，也就是可以看到明星本人了！週一最容易看得到，週二〜五則不一定（六、日是別的主持人）。

▲從玻璃望進去。

▲左 在玻璃前早早就貼好占位子的名條。
　右 搶不到前面的位子，也可透過電視螢幕觀看。

　　有粉絲會早上先用「紙」占位子。也就是拿張 A 4 大小的紙，寫上日期、手機號碼，預先宣告「這裡是某某先來占的喔」。雖然 Fion 覺得這個做法實在有點陽春加上沒效率，但真的有粉絲會因為這樣而吵架（就算把它撕掉，原本貼的人也會照相留檔，然後到時候跟你吵說這是他早上就來占的位子）。所以如果真的非看到不可的話，還是一早來貼個紙條占位子，求個安心吧。

　　有人說打掃阿姨一早會把所有紙張都清乾淨，凌晨來貼反而是做白工。不過我在 18 日的早上去，發現已經貼滿了 23 日的占位貼紙。五天前就來占位子，這是要逼死誰？！

　　通常藝人們錄完音，就會回大廳搭電梯，到地下停車場搭車離開。所以粉絲們會先跟著衝去大廳，接著再衝去停車場出口跟藝人招手掰掰。不用擔心不知道路線怎麼走，現場跟著大家跑就對了。不過如果是為厲旭而來的話，有時候他不是下班回家，而是進別的錄音室預錄其他天的節目喔。

　　只是想看厲旭（或 SJ 其他代班成員）的話，建議避開大勢團體（例如EXO）來的日子，因為這些團的粉絲真的會把這裡變成戰場。為了避免占不到第一排的位子，也可以帶小凳子、小梯子來，但也不要太高，曾經有粉絲從梯子上跌下來，感覺很危險啊。

▲左 KBS 內的座位區（左手邊）和咖啡廳（右手邊）。
　右 停車場有兩個出口，就在大階梯旁邊。

　　另外如果覺得實在太累，也可以進 KBS 裡的座位區坐著等看藝人下班。但最好表現得很冷靜，不要一臉就是迷妹樣，不然可能會被警衛趕出去。

　　等藝人錄完廣播下班，通常地鐵也沒有末班車了，得搭計程車才行。如果你實在不想搭計程車，9 號線國會議事的末班車，週間大約是晚上 00：22 ～ 00：46 之間（依行車方向有所不同）。但是就算搭上了，如果你還要轉其他條線，也得考慮到其他條線的運行時間（首爾地鐵每條線的運行時間不同，終止站也不同，可能會在中間就把你趕下車）。所以要不就早點離開，要不就乾脆坐計程車吧。幸好汝矣島位於首爾的中心點，到哪裡都算方便。從 KBS 搭計程車到弘大站大約是韓幣 7000 元，到明洞大約是韓幣 9000 元，東大門大約韓幣 10000 元，新沙站則是韓幣 11000 元上下，整體來說，車資在臺幣 300 元上下，並不會貴到嚇人。

怎 麼 走

1 從 4 號出口一出來，往右邊過馬路到人行道上，然後往左邊直走。

2 第 2 個路口右轉。

3 一直直走，經過一個路口後不久，就可看到 KBS 前的大階梯。

4 上階梯後往左走，即可看到透明的錄音間。

Kiss the radio（KTR，슈키라）

地址（中文）／首爾市永登浦區汝矣公園路 13

地址（韓文）／서울시 영등포구 여의공원로 13

官方網站／https ://www.kbs.co.kr/radio/coolfm/kiss/notice/

交通／地鐵國會議事堂站（9 號線）4 號出口，步行約 10 分鐘。

6
是偶像更是樂團的 CNBLUE

雖然顏值極高，但比起外貌，更在乎音樂的 CNBLUE，甚至還在日本以獨立樂團的方式進行多場演出，默默磨練自己音樂實力的低調，讓粉絲一旦愛上就很難放手。

FNC Entertainment

FNC 被稱為韓國第四大娛樂公司，僅次於三大巨頭 SM、YG 和 JYP。 而且旗下的藝人也不是那麼的「偶像」，多以樂團的形象出發，既有多方面演藝實力又有高顏值，加上旗下還有劉在錫、鄭亨敦等重量級 MC，甚至還簽了一個臺灣來的小鮮肉 Andy 蘇一晉，讓人不免對這間公司多了些好奇心。

FNC 的辦公樓坐落在眾多經紀公司所在的江南區，離 SM、JYP、Hook(李昇基的經紀公司) 都很近。門口只有一條單向通行的窄車道，在外蹲點的粉絲不若其他間經紀公司多，感覺粉絲們也都比較冷靜。可能是因為 FNC 曾在 2011 年時用極嚴厲的語氣發公告，要求歌迷不要在公司外蹲點或跟車，如果被查到真實身分，甚至會列入未來相關活動的黑名單。

不過 Fion 覺得，只是來朝聖、與公司門口拍個合照的話，還不到影響附近住民這種程度。但如果是長時間蹲點的話，就不太適合囉。

FNC Entertainment

地址（中文）／首爾市江南區島山大路 85 街 46

地址（韓文）／서울시 강남구 도산대로 85 길 46

官方網站／https://www.fncent.com/

交通／狎鷗亭羅德奧站（地鐵盆塘線）6 號出口，步行＋公車約 17 分鐘。

1 從 6 號出口出來後，往前走過一個路口會看到公車站，在此搭公車。藍 362／藍 143／藍 240／綠 4318 都可搭。前門上車、後門下車（上下都要刷卡）。

2 在第 2 站下車。行經的站如下：1. 청담초등학교앞 2. 프리마호텔정류장（在此下車）。

3 下車後，往回走，從第 1 個斑馬線過馬路到對面。

4 走到對面後有個往右斜的路，沿著那條路直走。

5 第 1 個路口往左轉（右手邊可看到 JYP）。

6 接著繼續直走，在第 3 個路口的 CU 便利商店右轉（右轉後是條單行道小路）。直走過第 2 個路口後，不久即可在右手邊看到 FNC。

＊這並不是最短的路，但是最好找又有趣的路。
　如果你的手機有 Google Maps 或是韓文地圖 APP 的話，也可以使用導航走最短路線。

崔家蘑菇韓式火鍋 최가네버섯샤브매운탕칼국수

　　因為常客 FTIsland 李洪基的推薦，讓這間火鍋店頗有名氣。這跟 CNBLUE 有什麼關係呢？因為我的粉絲朋友在這裡遇過 CNBLUE 的敏赫本人。朋友說，只是來吃個飯，結果吃到一半抬頭發現，「咦，斜對面不就是敏赫嗎？」不過她是個冷靜的 fan，很抱歉沒有照片可以跟大家分享。

　　這裡空間不大，一眼可望盡，裝潢有點陳舊，感覺頗有歷史。火鍋跟臺灣的銀色金屬鍋不同，用的是黑色的小鐵鍋。蔬菜都已經先放進去，包括金針菇、舞菇、白菜……等，肉類則是自己動手涮來吃。乍看料不多，但吃完還挺飽的。

　　湯頭酸酸辣辣的，肉片則切得很薄。習慣吃臺式口味的，可能會覺得有點不過癮。不過在這裡可以吃到大量的蔬菜，在韓國算是難得。

　　一起上桌的還有一碗綠色的菠菜麵條（丟進去煮），和一大碗白飯加

崔家蘑菇韓式火鍋 최가네버섯샤브매운탕칼국수
地址（中文）／首爾市江南區島山大路 51 街 36，2 樓
地址（韓文）／서울시 강남구 도산대로 51 길 36,2 층
電話／+82（0）2-547-7676
營業時間／10：00 ～ 22：30（全年無休）
交通／地鐵盆塘線狎鷗亭羅德奧站 5 號出口，步行約 6 分鐘。

蔬菜細絲（不是拿來煮的）。吃到最後，店員會把鐵鍋和那一大碗白飯＋蔬菜拿走，做成炒飯（原本鍋裡剩下的湯會另外倒到小碗裡）。這裡的炒飯用大火快炒，鑊氣十足，非常香。韓國一般餐廳的炒飯常會太溼太稠，但這裡的炒飯粒粒分明，加上微硬的鍋巴，Fion 覺得非常好吃！雖然很油，但忍不住全部吃完。

1 從 5 號出口出來，直行後第 2 個路口右轉。

2 這條路窄窄的，是個單行道。再往前直走約 5 分鐘，數來第 3 個路口就可以看到。位在 2 樓（1 樓的烤肉店也有個小小階梯，可別走錯店了）。

KLATCH & BARDOT 클래치앤바르도

　　鄭容和演出的韓劇《未來的選擇》，第 10 集就是在這間咖啡店拍的。這間店最有名的是「紅唇雪糕」，印了逗趣嘴唇圖樣的雪糕，有不少明星加持。包括張根碩和 NANA 曾經上傳跟紅唇雪糕的自拍、4minutes 曾來此錄影、EXO 的 Xiumin 也曾在此拍攝畫報。

　　KLATCH 是來自美國的咖啡品牌，而 BARDOT 則是來自墨西哥的創意雪糕，兩者結合，在江南開了複合式咖啡店。說是咖啡店，但裝潢卻頗有酒吧的氛圍。長方形的吧臺工作區，讓客人可以坐在吧臺高腳椅上和店員閒聊。

KLATCH & BARDOT 클래치앤바르도
地址（中文）／首爾市江南區島山大路 57 街 8
地址（韓文）／서울시 강남구 도산대로 57 길 8
電話／+82（0）2-540-5419
營業時間／11：00 ～ 02：00
交通／地鐵盆塘線狎鷗亭羅德奧站 4 號出口，步行約 10 分鐘。

除了雪糕、甜點、咖啡、軟性飲料之外，這裡也有提供輕食、啤酒、紅白酒，甚至還入境隨俗的供應辣炒年糕。中午 12:00 ～ 15:00 有 4 種 lunch set，晚上八點之後也有四種 pub set。

來這間可當作咖啡店、酒吧的複合店，一定要點的，當然還是紅唇雪糕囉！有韓幣 5300 元和韓幣 5800 元兩種價位，各式口味和花樣可以選擇。老實說我覺得味道普通，哈根達斯的雪糕還比較好吃。不過來這就是追求趣味，跟雪糕的自拍是一定要的！

雪糕雖然普通，不過咖啡好喝喔！原本看到店內裝潢以為咖啡索價驚人，不過熱拿鐵一杯韓幣 6000 元，還算可以接受。

建議坐在 2 樓，可以俯瞰整個吧臺區。點餐後拿著牌子找位子坐就可以，店員會將你的餐點送上。

怎麼走

1 從 4 號出口出來，直行約 5 分鐘後會看到漢堡王。

2 在此左轉。直行第 2 個路口就可以在右前方看到店家招牌。

Beauty thai spa

這一間 SPA 店頗為隱密低調，在網路上也找不到什麼資訊，但已經默默地開了三家分店，包括宣陵本店、水踰二號店，以及清潭洞的三號店。清潭洞這間分店有滿多江南貴婦來訪，而位置因為離各經紀公司都近，許多演藝圈人士也會來此按摩，像鄭容和就滿常來的，還私下留了簽名給店裡的職員。

這裡除了泰式按摩之外，也有精油按摩，要價都不便宜。泰式按摩 60 分鐘韓幣 60000 元（約臺幣 1800 元），精油按摩 60 分鐘韓幣 90000 元（約臺幣 2700 元），比臺灣貴上許多。

職員說鄭容和大多是在週末的半夜來訪，如果想「巧遇」他的話，可以選在這時段來喔。

Beauty thai spa
地址（中文）／首爾市江南區永東大路 732，地下室
地址（韓文）／서울시 강남구 영동대로 732, 지하
電話／ +82（0）2-547-9398
營業時間／ 24 小時
交通／地鐵清潭站（청담역）（7 號線）14 號出口，步行約 5 分鐘。

從 14 號出口出來後，直行約 5 分鐘後，右手邊可看到此店的黑色招牌。招牌並不大，小心錯過。

The Kitchen Salvatore Cuomo 더키친살바토레쿠오모

敏赫非常愛吃 pizza，他在《週三美食匯》這個節目上曾大力推薦的 Pizza 店，就是這間名字又長又難念的 The Kitchen Salvatore Cuomo。他喜歡這間店到什麼程度呢？「我想要把這間店的所有口味都吃過！」他親口在節目上這樣說。

臺灣 pizza 多半是厚皮的，而敏赫愛的是薄的 pizza，而且不喜歡料太多，覺得會有負擔。他個人最愛的是很單純的只有起司、番茄、餅皮這三樣組合在一起的口味。他說：「三者配合得好的話，像是在嘴裡放煙火！」

The Kitchen Salvatore Cuomo 在首爾是評價很高的義式餐廳，在 2011 曾被 CNN 評選為「首爾最棒的五個義式餐廳」之一。

敏赫最愛的口味，是這裡的 D.O.C pizza。餅皮上簡單鋪著莫薩里拉乾酪、櫻桃番茄、羅勒，用店內的大型拱形窯烤爐烤出。餅皮邊緣有著不規則的、火烤出的黑點，一口咬下去有起司的濃郁、番茄的酸甜、羅勒的特殊香氣。感覺得出用料很新鮮實在，但 Fion 覺得並沒有到「嘴裡放煙火」的程度。

這裡也有提供義大利麵、前菜、沙拉，除了 pizza 之外，我還點了義大利麵，或許是期待太高，義大利麵頗令人失望。奇妙的是，pizza 味道偏淡，義大利麵味道卻偏鹹。

這裡的氣氛不錯，完全開放式的廚房可看到料理過程。但是空間雖然寬敞，座椅的安排卻很擁擠。我是在週日的晚上造訪，被安排在暖氣機旁的座位（通常一般餐廳不會在機器旁邊設置桌椅，而是用盆栽擋住）。既聞到暖氣機的味道，又一直聽到機器運轉聲，整餐吃下來很受干擾。Fion 跟店家抱怨後，對方解釋因週末客人多、座位少，才做此安排。大家若要前往，建議先訂位，不然就是避開週末晚上的熱門時段。

這裡索價不低，像是敏赫最愛的 D.O.C pizza 一份就要韓幣 22000 元（約臺幣 660 元）。如果預算有限，也可以試試他們的中午套餐，一人韓幣 28000 元（約臺幣 830 元），開胃菜和甜點是自助式吃到飽的。

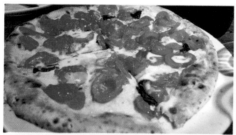

怎麼走

1 從 5 號出口出來後，第 2 個路口右轉。

2 右轉直走後約 400 公尺，第 9 個路口左轉。經過 50 FIFTY（本書 148 頁有介紹）後馬上左轉。

3 左轉後第 1 個路口再馬上左轉，即可看到店門口。

The Kitchen Salvatore Cuomo 더키친살바토레쿠오모

地址（中文）／首爾市江南區彥州路 164 街 29

地址（韓文）／서울시 강남구 언주로 164 길 29

電話／+82（0）2-3447-0071

營業時間／11：30 ～ 15：00（午餐時段）15：00 ～ 17：00（下午茶時段）
　　　　　　18：00 ～ 23：00（晚餐時段）（週五、六營業至 24：00）

官方網站／https：//www.kitchensalvatore.kr/

交通／地鐵狎鷗亭羅德站（盆塘線）5 號出口，步行約 8 分鐘。

幸福秋風嶺刀削三層肉 행복추풍령칼삼겹살

　　遠遠望見這間幸福秋風嶺刀削三層肉，就覺得這間烤肉店不得了。在稍嫌冷清的狎鷗亭街道中，唯有這間店人聲鼎沸、燈光明豔，外牆還貼滿了超過五十張以上的明星簽名。

　　這邊的菜單很簡單，全部都是三層肉。有原味、香蒜、咖哩三種口味。Fion 跟朋友一起去，共有三個人，一般餐廳都會要求單種肉類得點兩人份以上，這間店沒有這類規定，讓我們可以三種口味各來一份。

　　上菜時，豬肉已經都切成一塊一塊（一般烤肉店是烤到半熟才會拿剪刀剪開）。店員會過來幫忙烤。一開始 Fion 覺得這裡不愧是狎鷗亭，三層肉還真貴（平常一份大約韓幣 9000 元就有，這裡一份要韓幣 13000 元）。但入口之後發覺物有所值啊！因為真的非常好吃！即使住在韓國快三年、吃遍無數烤肉的我，都覺得非常美味。

　　外脆內軟的口感，還有肥而不膩的油脂香，就算吃完這餐會讓我胖一公斤，也心甘情願。Fion 最喜歡的是咖哩口味，覺得咖哩香和肉香十分均衡，沒有誰搶了誰，也沒有一般香料三層肉不入味的缺點。美味到我和朋友們覺得不夠過癮，又追加了兩份肉。等於我們三個人吃了五人份的肉啊！

　　這裡也是江南上班族們下班後的熱門聚餐店家之一，可以看到不少穿襯衫的長腿上班族歐巴們。平日上班早出晚歸的友人，都忍不住抓著我說：「欸～這裡男生好優！」有帥哥，又能追星，還有美食可吃，這間店自然列入我的首爾美食清單裡。

1 從 5 號出口出來後,第 1 個路口右轉。

2 直走後第 3 個路口左轉。

3 馬上就可看到。

幸福秋風嶺刀削三層肉 행복추풍령칼삼겹살

地址(中文)/首爾市江南區島山大路 51 街 41

地址(韓文)/서울시 강남구 도산대로 51 길 41

電話/ +82(0)2-518-9996

營業時間/ 17:00 ~ 04:00(新年及中秋各休一天)

交通/地鐵狎鷗亭羅德站(盆塘線)5 號出口,步行約 4 分鐘。

清潭豆腐鍋 청담순두부

　　這間 24 小時營業、全年無休的豆腐鍋,是明星的愛造訪之地,牆上滿滿的全是明星的簽名,而且大多是偶像團體。除了 CNBLUE 之外,還有少女時代、2PM、BIGBANG、SHINee……等。除了曾在 KBS 的節目出現過之外,也有不少日本旅遊雜誌報導過。

　　其實韓國人大多偏愛韓食,就連出國也要帶上泡菜或辛拉麵。跟我們一回臺灣就直奔滷味、鹽酥雞攤一樣,韓國人則是一回韓國就直奔韓食餐廳。而豆腐鍋更是韓國人最愛的庶民美食之一。有點酸、有點辣的泡菜湯頭,上桌時鍋裡還滾燙地冒著泡,此時打進一顆雞蛋(雞蛋是放在桌上無限使用的),柔滑的蛋液加上極嫩的豆腐,在冬天來上一碗,真的十分享受。

　　除了豆腐鍋之外,這裡還有各種豆腐料理,包括炸豆腐、豆腐生菜沙

拉、美女豆腐（外形頗像章魚燒）……等。不過 Fion 覺得點豆腐鍋就好了，因為這裡價位真的偏高，光是豆腐鍋一人份就要韓幣 8000 ～ 10000元，比江北的一般小店貴了近臺幣 100 元。至於菜單上各式各樣的口味，其實就是湯料的差別。Fion 吃的是韓國人最常點的海鮮豆腐鍋（해물정식），好吃！

這裡可說是最體貼追星族的餐廳，牆上所有的簽名，不只附上了明星的照片，還貼上名字標籤。看不懂簽名草書的人也可以輕鬆找到自己的偶像！鄭容和的簽名貼在飲水機背後座位區的牆上，位於右上方，很好找！

怎 麼 走

1 從 5 號出口出來一直直走，直到看到一個大十字路口，在此右轉。

2 右轉直走後，馬上在第 1 個路口再右轉，即可看見。

清潭豆腐鍋 청담순두부
地址（中文）／首爾市江南區島山大路 53 街 6
地址（韓文）／서울시 강남구 도산대로 53 길 6
電話／+82（0）2-545-4840
營業時間／24 小時（全年無休）
交通／地鐵狎鷗亭羅德站（盆塘線）5 號出口，步行約 7 分鐘。

Done Zone 돈존

這間每天只休息六個半小時的烤肉店（從早上十一點半開到凌晨五點），是 CNBLUE 和 FTISLAND 的愛店之一。除此之外，從牆上大量的簽名，也可看出這裡是明星常來造訪的地方（而且全部都是簽在明星的相片上！不像很多餐廳是簽在白紙再另行裱框）。

不知該點什麼的話，可以點他們家的豬肉拼盤（특수부위모듬구이），裡面包括了豬頸肉、豬上背肉、橫隔膜、三層肉……等，一次嚐到不同口味。預算高一點的話，也可以到門口的肉櫃，直接看有什麼樣的韓牛，眼見為憑，選你中意的肉來烤（韓牛比較貴，100 公克就要韓幣 20000 元左右）。

這裡比較特別的是，菜盤給得很豐盛，除了包肉用的生菜之外，還有洋蔥、南瓜、菇類、年糕。烤肉吃一吃可以換吃烤蔬菜，感覺比較健康。

Fion 是平日下午四點多造訪此店，就連這時段店內都還有客人在用餐喔！店員說明星們通常都是很晚才會出沒，如果想撞見明星的話可得當夜貓子了。

Done Zone 돈존
地址（中文）／首爾市江南區島山大路 208
地址（韓文）／서울시 강남구 도산대로 208
電話／+82（0）2-512-0136
營業時間／11：30 ～ 05：00
交通／地鐵鶴洞站（7 號線）8 號出口，步行約 11 分鐘（因為搭公車很方便，又可省路程，建議搭公車）。

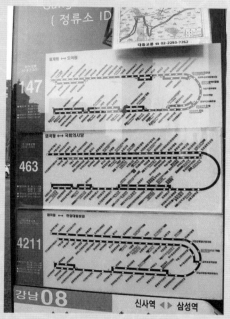

2 下車後再往前直走約 100 公尺，在大十字路口右轉。

3 右轉不久就可看到了。

1 從 8 號出口出來後直走，第 1 個公車站牌等公車。這個站牌的所有公車（藍色 147、藍色 463、綠色 4211、綠色 08）全部都可搭。前門上車，後門下車，上下都要刷交通卡。第 1 站就立刻下車（聽到廣播時就要按鈴）！

銀星會館 은성회관

　　這間位於汝矣島 KBS 電視臺附近的韓牛烤肉店，是電視臺工作人員很常來聚餐的地方。有次鄭容和及姜敏赫在此吃飯，剛好遇到韓劇《最佳愛情》的慶功宴。鄭容和與《最佳愛情》編劇洪美蘭、洪靜曾經一起在 SBS 電視臺的《原來是美男啊》中合作過。因此鄭容和特別上前和久違的編劇們打招呼，也和孔孝真握手致意。

　　通常韓牛都跟「貴」畫上等號，不過這裡的價格滿適中的。大部分的人點的都是調味排骨（양념갈비），店家事先用醬汁醃過，現場再放到鐵網上烤。這裡的醃料下手剛好，肉質也不錯，不會像很多烤肉店的調味排骨，都是用比較次級的肉，所以口感很差。

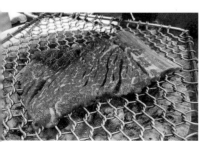

店家提供的小菜每一道都很好吃，還包括較高價的辣醬醃生蟹，十分下飯。小菜上桌時，服務生會在每人的小盤子裡倒入用黃芥末和醬油調和的醬汁，記得把大盤子裡的洋蔥和蔥絲泡進去，之後跟烤肉一起吃，非常清爽提味。一般韓國人都是用生菜包著烤肉、大蒜、白飯和包飯醬一起吃，但Fion覺得這裡的調味排骨跟洋蔥、蔥絲一起吃最搭。

　　這裡的蒸蛋和大醬湯也值得一提，蒸蛋是比較日式的手法，口感密實，吃到底部也不見焦黑（韓式蒸蛋是直接火烤鐵碗，底部通常是焦的）。大醬湯裡加了牛肉，滋味更濃。

　　通常烤肉店的結帳櫃檯，會放上薄荷糖給客人清清口味。不過這裡放的則是巧克力、軟糖和棒棒糖，有種用餐後甜點畫上完美句號的感覺。

怎 麼 走

1 從 2 號出口出來，直走第 1 個路口過馬路然後左轉。

2 繼續直走，到下一個路口前的右手邊建物，2 樓即可看見은성회관的招牌。

銀星會館 은성회관
地址（中文）／首爾市永登浦區汝矣大方路 65 街 12，2 樓
地址（韓文）／서울시 영등포구 여의대방로 65 길 12,2F
電話／+82（0）2-783-8666
營業時間／11：00 ～ 22：00（全年無休）
交通／地鐵賽江站（9 號線）2 號出口，步行約 5 分鐘。

黃家海鰻君 황가네꼼장군

　　這間應該是所有 CNBLUE 的粉絲都知道的餐廳，因為是成員敏赫的爸爸開的。有名到大家都只記得「敏赫爸爸的店」，反而不記得店名是什麼。而敏赫爸爸也很懂粉絲的心，店裡除了貼擺滿 CNBLUE 的海報、照片、剪報之外，連菜單都有各國版本及 CNBLUE 的可愛貼圖。店內還大方讓粉絲們留言，粉絲送的禮物也都會陳列出來。

　　這間店主打的是海鰻（꼼장어），店家事先醃過，上菜時再用火烤。海鰻味道很特殊，口感爽脆，一開始會覺得不太習慣（因為是在臺灣吃不到的口味），但愈吃愈停不下來。特別是用紫蘇葉包著魚卵，放上海鰻，再加上拌生菜，整個包起來吃，會有多層的香氣，十分好吃。

　　烤海鰻時先整條下去烤，稍微熟了之後把它剪開再繼續烤一下就可吃了（剪開時中間的白色脊髓會跑一些出來，是正常的）。不過海鰻細細一條，比較算下酒菜，建議再多點一份烤肉，才吃得飽。Fion 是加點了豬王排骨（왕갈비），也滿好吃的。

　　另外推薦他們家的鍋拌飯（냄비밥），白飯上覆蓋了各式蔬菜、海苔、芝麻，再淋上麻油而成。而且只要韓幣 1000 元（約臺幣 30 元）就吃得到。在一般烤肉店，光一碗白飯就要韓幣 1000 元，在這裡同樣價位卻可以吃到拌飯，很划算啊！

1 從 3 號出口出來後，靠右直行過大馬路
到對面。

2 一直直走，在第 4 個路口右轉（這個
路口也是永登浦地下街的 1 號出口）。

3 步行約 70 公尺即可看到店家招牌。

黃家海鰻君 황가네꼼장군

地址（中文）／首爾市永登浦區營中路 10 街 5

地址（韓文）／서울시 영등포구 영중로 10 길 5

電話／+82（0）2-2671-6218

營業時間／10：00 ～ 04：00

交通／地鐵永登浦站（1 號線）3 號出口，步行約 7 分鐘。

好友羊肉串 호우양꼬치

　　這間店就在敏赫爸爸的海鰻店附近，不知為何有非常多韓國藝人光臨過。除了掛有 CNBLUE 的大海報之外，還有幾十張藝人的簽名和合照。包括 FTIsland、李鍾赫、趙寅成、李光洙……等人（趙寅成還是和李光洙一起來的，兩人交情真的不錯）。我問說牆上怎麼不見敏赫的簽名，老闆才拿出藏在抽屜裡的簽名，店員還叫他要小心一點，感覺他們非常地寶貝敏赫的簽名啊。

　　在韓國的羊肉串大多都是中國人開的，這裡的店員也都會講中文。除了羊肉串之外，還有賣各式中華料理，像是糖醋肉、麻婆豆腐、五香肉絲等。不過大部分來此用餐的，還是點肉串囉！除了有各種部位的羊肉串之外，也有蝦子、牛肉、羊排等。串燒部分通常是一份有十隻，人多一點的話比較能吃到不同口味。

好友羊肉串 호우양꼬치
地址（中文）／首爾市永登浦區營中路 10 街 6
地址（韓文）／서울시 영등포구 영중로 10 길 6
電話／+82（0）70-7747-9488
營業時間／14：30～02：30（中秋、過年各休一天）
交通／地鐵永登浦站（1 號線）3 號出口，步行約 7 分鐘。
怎麼走／找到敏赫爸爸的店後，店門口的右邊巷子直走幾步就可看到。

7

真實就很迷人的 INFINITE

在本書介紹的六團之中，INFINITE 是最「寫實」的一團。他們演出的實境綜藝節目《Sesame Player》和《SHOWTIME》，完全顯示他們的真性情，揭開一般偶像的糖衣形象，但卻真實得很迷人。

Woollim Label
經紀公司 울림엔터테인먼트

Woollim 的辦公室頗有設計工作室的風格，簡約低調、招牌小小的。不過終究是獨棟的大樓，愈來愈有大經紀公司的風範。

Woollim 所在的位置有點偏遠，附近沒什麼好逛的（路口有一間超市，似乎因為常有粉絲們造訪，還貼了中文的商品說明，方便大家選購）。好處是離弘大商圈不遠，所以來追星或蹲點的話可以選擇住在弘大一帶，比較方便，又可以在弘大吃喝玩樂。

 怎麼走

1 從 3 號出口出來後，右轉直走。

2 約 10 分鐘（600 公尺）後，遇到一個大十字路口，在此十字路口右轉。

3 接著第 1 個路口再右轉，再直走一下子就可看到右手邊的 Woolllim 了。

＊Fion 選的路線有稍稍繞路，但是最好找的路線。等你摸熟了可以再抄捷徑走小路喔！

Woollim Label 經紀公司 울림엔터테인먼트

地址（中文）／首爾市麻浦區世界盃北路 23 街 14

地址（韓文）／서울시 마포구 월드컵북로 23 길 14

電話／+82（0）2-335-4611

官方網站／https://www.woolliment.com/

交通／地鐵麻浦區廳站（6 號線）3 號出口，步行約 11 分鐘。

NIT COFFEE

這間咖啡店壓根就是為了迷妹們蹲點所開的店！一整片正對著 Woollim 的玻璃窗，是觀察明星進出動靜的最佳地點。店面很寬敞，位子也多（也有戶外的座位），很多留韓的迷妹，會乾脆帶功課來這邊寫，兼顧追星與學業。

這裡的咖啡價位算是中等，熱拿鐵一杯韓幣 4000 元（約臺幣 120元）、瑪芬蛋糕一個韓幣 3000 元（約臺幣 90 元）。

歌手宣傳期時期，這裡可是迷妹的兵家必爭之地！因為有很多粉絲會占著位子一整天，所以得提早去卡位才行。如果你想要坐一整天是沒關係，不過建議最好多消費一些，不然對店家頗不好意思。

NIT COFFEE
地址（中文）／首爾市麻浦區世界盃北路 23 街 13
地址（韓文）／서울시 마포구 월드컵북로 23 길 13
電話／ +82（0）2-323-3199
營業時間／ 10：00 ～ 22：00（中秋和春節休息，詳細日期會公布在粉絲頁）
臉書粉絲專頁／ https：//www.facebook.com/nitcoffeeshop
交通／地鐵麻浦區廳站（6 號線）3 號出口，步行約 11 分鐘。
怎麼走／就在 Woollim 正對面，請參考 Woollim 的路線。

舊宿舍（一代宿舍）

　　INFINITE 剛出道時，7 位成員全都一起擠在舊宿舍裡，下雨天會漏水、壁紙有怎麼擦都擦不掉的髒汙，而且因為是位於街邊的獨棟住宅，一開門就是大馬路，不夠安全也沒什麼隱私，早期還曾被私生飯潛入，或是在宿舍也會被私生飯們偷拍，所以全體成員一直以「走紅後就可以換新宿舍」為動力。

　　INFINITE 出演的真人秀節目《Sesame Player》裡，就有出現這間宿舍。這裡其實是社長以前一個人住的，後來改做為公司宿舍。房間裡放了幾套上下舖的床架，而且衛浴還只有一套！

　　很多粉絲覺得舊宿舍根本就是「鬼屋」，不過這種老房子在韓國很常見，加上這宿舍占地大，地段又算是首爾市中心，若以地價來看的話，可是滿驚人的。不過現在這間房子已成為其他組織的辦公室，跟 INFINITE 沒什麼關係囉。

舊宿舍（一代宿舍）
地址（中文）／首爾市麻浦區城嵋山路 1 街 29
地址（韓文）／서울시 마포구 성미산로 1 길 29
交通／地鐵望遠站（6 號線）1 號出口，步行約 8 分鐘。
怎麼走／舊宿舍就在幸福的庭院隔壁的隔壁，參照 195 頁的走法即可。

歐巴，我來了！

幸福的庭院 한복한마당

　　吃完這頓餐，Fion 完全可以體會為什麼 INFINITE 會常來這裡。不只因為就在他們舊宿舍旁邊，這裡的食物好吃、老闆娘又親切，吃完真的有種幸福感！

　　只要拿出相機，老闆娘就會說：「INFINITE Fan?」真的很專業。店裡滿滿都是 INFINITE 的照片，還有他們的簽名，以及各國粉絲的留言。老闆娘說他們出道前很常來，但現在比較沒那麼常來了。如果有來，都是晚上深夜時段。所以想偶遇他們，記得晚一點去喔！不然就是冷門時段來也可以。Fion 有次下午三點去吃，隔壁桌有位年輕男生非常帥，而且全程壓著帽簷低頭吃飯，讓人忍不住懷疑是練習生來著。

　　店家還做了日文版「INFINITE 的必點菜」。Fion 最推薦豆腐鍋！平常我不愛吃豆腐鍋，但這裡的豆腐湯有一股焦味，就像臺灣某些早餐店的豆漿帶有「糙灰搭」味一樣。豆腐湯有點酸、有點辣，配上這股焦味，竟然意外地搭。不過也不是每個人都愛這一味。如果不愛焦味的話，記得不要點喔。

　　這家店比較厲害的應該是烤魚，有很多選擇。Fion 吃了鯖魚，覺得比自己在家煎的好吃！烤到薄薄的外皮是脆的，下箸時還聽得到清脆的「啪滋」聲。魚肉本身很鮮嫩多汁，一點也不老。如果兩個人來吃，點一個湯類，再點一個烤魚，分著吃正好。

 怎麼走

1 從 1 號出口出來後右轉，直行第 3 個路口是一個有信號燈的路口。

2 過馬路到對面，第 2 個路口右轉。

3 接著再馬上左轉，就可在左手邊看到了。

幸福的庭院 행복한마당

地址（中文）／首爾市麻浦區城嵋山路 1 街 21

地址（韓文）／서울시 마포구 성미산로 1 길 21

電話／+82（0）2-335-0033

營業時間／09：00～21：30（週日公休）

交通／地鐵望遠站（6 號線）1 號出口，步行約 7 分鐘。

望遠市場 망원시장

　　望遠洞應該可以説是 INFINITE 的地盤吧，早期他們還有「望遠洞的少年」之類的名號（「洞」就像是臺灣的「里」，麻浦區望遠洞，就類似大安區龍泉里）。而望遠市場就是這一洞的傳統市場。

　　望遠市場以物美價廉聞名，這裡的東西就是比其他地方便宜個兩到三成。大部分是蔬菜、肉、水果、海鮮、小菜……等韓國家庭主婦愛採購的生鮮食品，來這裡走一遭，可以深切感受到韓國人的日常生活。

　　INFINITE 的舊宿舍，特別是二代宿舍，就在市場的尾端出口旁邊，走路一分鐘就到，所以在他們之前所拍攝的真人秀節目裡，也很常出現。像是《Sesame Player》第 5 集裡，成烈和優鉉為了打掃宿舍，出門購買打掃用具，還有《家族的誕生》第 8 集裡，聖圭帶著三隻小狗豆腐、鍋巴、可可出門散步時，都是在這裡拍攝。

　　這裡除了生鮮之外，也有炸雞、雞爪、糖餅、豬腳、刀削麵、粥……等韓國在地美食，價格都不貴。在《This is INFINITE》第 1 集，他們為了購買露營食材前來，結果買了一堆自己想吃的東西。節目裡，他們吵著要吃以及有購入的，包括小橘子、草莓、雞爪（韓國雞爪很辣，不能吃辣的千萬別嘗試）、豬腳、糖餅、麵包（麻花麵包和泡芙）。我在麵包攤買麻花麵包和泡芙時，老闆娘直接問我：「妳是 INFINITE 的粉絲嗎？」她説粉絲們都是買這兩種口味的麵包。

▲這個位於市場中段的麵包攤，就是優鉉吵著要買麵包的攤位。

> **望遠市場 망원시장**
> 地址（中文）／首爾市麻浦區世界盃北路 13 街 70
> 地址（韓文）／서울시 마포구 월드컵로 13 길 70
> 營業時間／06：00 ～ 18：00。建議中午時段去，比較多店家。
> 交通／地鐵望遠站（6 號線）2 號出口，步行約 6 分鐘。

不過 Fion 最推薦的，其實是市場走到底左手邊的炸麵包攤（고로케），有紅豆、蔬菜、泡菜等不同內餡口味，一個只要韓幣 500 元（約臺幣 15 元）。同一攤的炸紅豆麻糬（팥도너츠）也很 Q、很好吃。因為太好吃了，我買了好幾個炸麵包跟炸紅豆麻糬回家給室友。冷掉了也沒有油耗味，大受好評。

這攤炸麵包和炸紅豆麻糬很好吃。▶

怎麼走

1 從 2 號出口出來後，往右走。

2 第 1 個路口右轉後，一直直走（是一條不寬的單行道）。

3 約 350 公尺後，看到右手邊有個大大的망원시장看板就是了。

媽媽手超市 엄마손마트

《This is INFINITE》第 1 集裡，INFINITE 除了在望遠市場裡買了一堆食物之外，還到媽媽手超市買拉麵（泡麵）。望遠市場裡其實有 3 到 4 間超市，而位於市場尾端這間超市，是最多人推薦的。

這裡的商品種類非常多，有些比樂天、E-mart 之類的大型連鎖超市還要便宜。像小盒 170 公克的辣椒醬，外面賣韓幣 1550 元，這裡賣韓幣 1250 元。我覺得在這裡買飲料類最划算，以豆奶為例，平常外面一瓶賣韓幣 1200 元，這裡則是 3 瓶韓幣 2000 元；觀光客必喝的香蕉牛奶，便利商店 1 瓶賣韓幣 1300 元，這裡 5 瓶韓幣 3500 元，幾乎是半價販售。

不過也不是所有東西都一定比較便宜，像 pepero 巧克力棒這裡賣韓幣 960 元，我家附近的超市則是賣韓幣 900 元（其實換算成臺幣只差 2 元不到）。但這裡有個好處，就是觀光客愛去的大型連鎖超市，商品包裝常常是大分量的，要分送的話比較麻煩。而這裡的包裝分量比較適中，方便當作伴手禮，還是可以逛一下喔。

> **媽媽手超市 엄마손마트**
> 地址（中文）／首爾市麻浦區望遠路 8 街 3
> 地址（韓文）／서울시 마포구 망원로 8 길 3
> 電話／+82（0）2-333-8477
> 營業時間／08：00 ～ 18：00
> 交通／地鐵望遠站（6 號線）2 號出口，步行約 10 分鐘。
> 怎麼走／從望遠市場入口走到底，快走出市場之前的右手邊即可看到。

濟州烤豬肉 제주돈사돈

　　優賢在 2015 年的生日時，用 twitter 上發了無限 7 人在烤肉店的合照。這間烤肉店，就是位於他們宿舍附近的濟州烤豬肉제주돈사돈。這間烤肉店本身就很有名氣，很多媒體報導，牆上也有許多明星的簽名。而無限 7 人是坐在店裡的最角落（走到底、冷氣機旁邊）的位子。

　　這間店特別的地方，在於「低消」是 1 斤肉（600 公克；韓幣 39000 元），就算只有兩個人來吃，也得點 1 斤肉。通常其他烤肉店的一人份是 150 ～ 180 公克左右，所以乍聽會覺得，兩個人來吃不會太多嗎？不過真的烤下去，還是吃得完的！（只是沒什麼肚子吃第二攤）

　　這邊的肉一上桌，店員全程幫你烤到好，完全不用自己動手。店員會把油脂較少的肉放內層，較多的放外層烤，讓油可以慢慢被逼出來。肉非常新鮮，味道很棒！廚房也是開放式的，大方讓你看有多乾淨。小菜是自助式的，想續盤的話請自行取用。

　　這間店只有一個缺點，就是烤肉味非常濃。Fion 有次去補拍照片，只進去不到 10 分鐘，出來就渾身烤肉味。如果有夜店行程的話，記得別把這間店排在同一天喔。

　　另外這裡常常大排長龍，想坐到跟 INFINITE 相同的位子，最好早點去。如果去的時候已很多人在排隊，記得要先去店內填等候單。

濟州烤豬肉 제주돈사돈
地址（中文）／首爾市麻浦區世界盃路 33
地址（韓文）／서울시 마포구 월드컵로 33
電話／+82（0）2-324-7575
營業時間／17：00 ～ 00：00（週一～六）16：00 ～ 23：00（週日）
交通／地鐵合井站（2 號線）8 號出口，步行約 5 分鐘。
怎麼走／從 8 號出口出來往後走，直走過第二個紅綠燈，左手邊即可看到。

MECENATPOLIS MALL（INFINITE 宿舍）

走紅之後，INFINITE 搬過兩次宿舍，一次是 2011 年，《成為我的人》攻占排行榜第 1 名的時候，搬到附近的公寓（二代宿舍）。之後在 2013 年，又搬到位於合井站的住商綜合大樓 MECENATPOLIS 裡。老實説，這棟可算是豪宅等級，聽説剛搬進來時，成員從窗口向外望，發現竟然可以看得到漢江，感動到都快哭了。

不過隨著 INFINITE 愈住愈好，要遇到他們也不是那麼容易，因為他們從住家直接搭電梯到地下停車場，搭經紀人的車去上班，進出都有森嚴的保

全，非大樓住戶是無法進入的。

　　《This is INFINITE》節目也曾在這裡拍攝。聖圭受屈甚至下跪的大廣場，就是位於這商場中央的廣場（這個廣場也常舉辦小型簽唱會／活動）。

　　這裡有各國料理，也有許多美妝品牌，像是 ETUDE HOUSE、innisfree、藥妝店 Olive Young……等。另外地下 2 樓的大超市 Home Plus，面積頗大，真要認真逛的話，1 個小時都不夠。所以粉絲們來追星之餘，也可以在此購齊韓國伴手禮，而且這裡離地鐵近，又是半室內的空間，就算下雨也很方便逛街（冬天來就不會被冷到！）

　　有情報說 INFINITE 後來分開住，不像以前一起在此合宿。不過我的粉絲朋友在 2015 年 9 月時，目擊金聖圭和家人在這裡的 Home Plus 逛街。看來這一區真的是他們習慣的活動範圍！

MECENATPOLIS MALL （INFINITE 宿舍）
地址（中文）／首爾市麻浦區楊花路 45
地址（韓文）／서울시 마포구 양화로 45
電話／+82（0）2-6938-8800
營業時間／每間店不一，建議早上十一點後再來，比較多店開門。
　（這裡的 Home Plus 是 10：00 ～ 24：00，每個月第 2、4 個禮拜天休息）
官方網站／https://mecenatpolismall.co.kr/
交通／地鐵合井站（2 號線、6 號線）9 號跟 10 號出口之間有連結通道。

地鐵合井站（2 號線、6 號線）9 號跟 10 號出口之間有連結通道。

BBQ 炸雞合井明星店
BBQ 합정스타점

　　BBQ 是連鎖的炸雞店，位於合井站的這間分店，是 INFINITE 成烈的父母所經營的加盟店。這裡除了炸雞之外，也有披薩、義大利麵、沙拉……選擇很多。另外也有賣咖啡，所以下午來喝杯咖啡也是可以的喔！

　　店裡有一些成烈或 INFINITE 的小物，都是很有質感的單品（聽說大多是粉絲送的），像是有成烈畫像的抱枕、INFINITE 成員的美式漫畫風大頭照、小娃娃等，在星味之中帶著時尚。

　　最推薦的自然是炸雞囉！不過提供的分量都滿大的，兩個人吃的話，點一份炸雞就很飽了。想吃不同口味怎麼辦？其實韓國炸雞店是可以點「半半」的，也就是兩種口味各一半，組成一盤。不過菜單上不會寫，要直接跟店員說。就指著菜單上想吃的口味說：「This, and this, 盤ー潘ー chuˊ ーㄙㄟˇ ー友。」（韓文為：이것하고 이것，반반 주세요）這樣他們就懂了。

　　成烈的父母常在店內，成烈則是偶爾會出現（畢竟宿舍

▲食物照片由 Sakichiba 提供。

就在對面）。成烈的父母都滿害羞的，通常不太跟歌迷拍照（感謝店員姊姊在旁邊幫忙慫恿，Fion 才能拍照成功）。成烈則是完全不接受合照的，如果幸運看到他，請默默用眼睛記錄一切。

BBQ 炸雞合井明星店 BBQ 합정스타점
地址（中文）／首爾市麻浦區楊花路 8 街 5
地址（韓文）／서울시 마포구 양화로 8 길 5
電話／+82（0）2-325-9282
營業時間／11：30 ～ 00：00（最後點餐時間 23：00）
交通／地鐵合井站（2 號線、6 號線）3 號出口，步行約 30 秒。

從 3 號出口出來往後走，馬上就可在左手邊看到。

歐巴，我來了！

Café Sketchbook 카페스케치북

　　這間位於弘大鬧區反方向的小巷裡的咖啡店，屬於獨棟的 3 層建築，是《This is INFINITE》第 1 集的開場錄影處。這裡除了咖啡之外，也有賣簡餐，偶爾還會在店內做藝術品展覽。3 樓則是一整片的大露臺，十分寬敞，春、秋之際坐在這裡很舒服喔。

　　INFINITE 錄影是在咖啡店的 2 樓，不過桌椅經過移動，現場跟錄影時的擺設自然是不太一樣，要稍微比對一下才看得出來。

Café Sketchbook 카페스케치북

地址（中文）／首爾市麻浦區東橋路 22 街 14

地址（韓文）／서울시 마포구 동교로 22 길 14

電話／+82（0）2-337-1739/070-4155-1739

營業時間／10：00～24：00（週日 10：00～23：00）

官方部落格／https://blog.naver.com/sketchbk

交通／地鐵弘大入口站（2 號線）1 號出口，步行約 10 分鐘。

1 從 1 號出口出來後，往右方直走，在第 2 個路口右轉（Hyundai 汽車這個路口）。

2 直走到底遇到三岔口，就可以看到了。

　　這裡的簡餐選擇很多，包括 pizza、三明治、沙拉、義大利麵……等。附近滿多上班族也會在中午時段來此用餐。我是平日的下午去的，2 樓幾乎都坐滿了，是人氣很旺的咖啡店。

RICHEMONT
리치몬드과자점성산본점

　　被聖圭譽為「天國的味道」的麵包，就是這間於 1979 年創立的 RICHEMONT。所有成員都大讚這裡的麵包很好吃，優鉉甚至說，站在店門外 10 公尺也可以聞到麵包的香味。

　　RICHEMONT 是韓國老字號的法式麵包店，在韓國有頗高的人氣。他們強調每天凌晨開始製作，只販售當天出爐的麵包，絕不隔夜賣。所以就算價位偏高，品質卻很令人放心。RICHEMONT 在首爾共有 4 間分店，都在麻浦區附近，包括梨大店、延禧店、西橋店以及離 Woollim 走路只要 10 分鐘的城山本店。而城山本店這一帶，也是 INFINITE 在練習生時期經常出沒的區域。

　　RICHEMONT 裝潢古典，走進店裡彷彿回到法國的舊日時光。建議可點蛋糕和咖啡，在這裡喝個下午茶，休息一下再走。或是買幾個麵包，當隔天早餐吃，畢竟韓國的早餐選擇很少啊！

　　Fion 吃過他們家的巧克力蛋糕，頗為驚豔；柚子口味的蛋糕也很好吃，口感和味道都非常有層次。許多人來韓國都會想吃由明星代言的連鎖麵包店 parisbaguette 或是 touslesjours，但我覺得 RICHEMONT 更為精緻，味道也更細膩。這家店不僅韓國朋友大推，連 INFINITE 都大推了，不試試看怎麼行？

怎麼走

1 從 1 號出口出來後左轉直走。

2 在公車站換乘公車。7016、7711、7737 皆可搭。

3 上車後，在第 4 站下車。經過的站包括 1. 동교로사거리。2. 서울도시가스마포사옥。3. 경성중고 / 홍대부속여중고입구。請在第 4 站 성미약수터정류장下車。（請坐在公車的右側座位，到達第 4 站前會駛過 RICHEMONT 的大三角窗，很好認。）

4 下車後往回走一點就到了。

RICHEMONT 리치몬드과자점 성산본점

地址（中文）／首爾市麻浦區世界盃北路 86

地址（韓文）／서울시 마포구 월드컵북로 86

電話／+82（0）2-325-0221～2

營業時間／08：00～23：00

官方網站／https：//richemont.co.kr/

交通／地鐵弘大入口站（2 號線）1 號出口，換乘公車約 10 分鐘。

（從弘大過來走路要 16 分鐘，建議搭公車或計程車。）

多順兒童公園 다솜어린이공원

　　練習生時期，對 INFINITE 成員來說，是一段十分難忘的日子。每天從練習、飲食、行程都被管制，鮮少有自由的時間，甚至連跟朋友見面，都得在凌晨時偷溜出門。在《Sesame Player》第 6 集裡，聖圭和 HOYA 回憶，他們兩人有次在下雨天時躲到這個兒童公園，在溜滑梯底下蹲著偷吃便當，還被小朋友取笑是乞丐。

　　這個兒童公園，就在 RICHEMONT 的附近，如果有來 RICHEMONT 的話，可以順道來看看這個曾被聖圭和 HOYA 當作防空洞一般躲藏的兒童公園。

1 在 RICHEMONT 的三角窗外手邊巷子往裡走約 80 公尺，遇到一個三岔口。

2 三岔口的交衝有個警察局，警察局後面就是兒童公園。

多順兒童公園 다솜어린이공원

地址（中文）／首爾市麻浦區世界盃北路 12 街 27
地址（韓文）／서울시 마포구 월드컵북로 12 길 27
交　通／地鐵弘大入口站（2 號線）1 號出口，換乘公車約 10 分鐘
　　　　　（從弘大過來，走路要 16 分鐘，建議搭公車或計程車）。

弘大組暴辣炒年糕 홍대조폭떡볶이

在《Sesame Player》第 1 集裡，成員們逃跑到弘大，哥哥隊（聖圭、東雨、優鉉）第一站吃的辣炒年糕，就是這間「弘大組暴辣炒年糕」。這裡離他們的宿舍其實不遠，而在逃跑獲得自由的第一時間，竟然是想來吃這裡的年糕，感覺就是他們平常愛吃的店家之一。

來這裡必點的是辣炒年糕（떡볶이）和血腸（옛날순대），這也是聖圭、東雨、優鉉三人有點來吃的。炒年糕頗辣，是連韓國人都會喊辣的程度，吃之前得有心理準備喔！（其餘詳細資訊請看 96 頁介紹。）

弘大組暴辣炒年糕 홍대조폭떡볶이
地址（中文）／首爾市麻浦區和諧廣場路 60
地址（韓文）／서울시 마포구 어울마당로 60
電話／+82（0）2-337-9933
營業時間／11：00 ～ 06：00（最後點餐 05：30）
交通／地鐵上水站（6 號線）1 號出口，步行約 7 分鐘。

Joon Ho Kitchen

這是 INFINITE 在 2015 年錄製《SHOWTIME》時，在第 4 集的隱藏攝影機裡出現的餐廳，也是圭隊長騙成員說他曾來過的餐廳。而這間餐廳也離他們宿舍不遠，就在弘大入口站附近，交通非常方便！因為餐點便宜、氣氛不錯，在大學生之間人氣頗高。

在節目上，INFINITE 幾乎每種種類都吃了，包括고르곤졸라披薩（Gorgonzola pizza）、和牛蓋飯（季節菜單，不在正式菜單上）、국물파스타（Spicy soup pasta）……等。我來吃過之後，覺得無限成員很適合去拍美食廣告啊，怎麼可以表現出吃得如此美味的模樣呢！

Fion 和朋友一致覺得和牛壽司最好吃（看到壽司太想吃了，所以就跳過蓋飯），牛肉極嫩，配上一小片起司、紅薑和醋飯，竟意外地搭，是以前沒吃過的味道。Gorgonzola pizza 也不錯，其實就是薄的起司披薩，沾點糖蜜吃，鹹鹹甜甜的味道很特別。Soup pasta 很普通，就是微辣的海鮮湯麵。

韓國人聽到義大利麵，第一印象就是昂貴，通常都要韓幣 15000 元以上。但這間價位落在韓幣 9000 ～ 12000 元左右，是比較平易近人的選擇，難怪會如此受韓國大學生歡迎。不過味道就比較沒那麼精緻，一分錢一分貨囉！

怎麼走

1 從 8 號出口出來後右轉直走。

2 看到圓環，繼續直走進小巷子。

3 直走到底後右轉再走一下，即可在左手邊看到。

4 餐廳在此建物的 2 樓。

Joon Ho Kitchen
地址（中文）／首爾市麻浦區臥牛山路 29ba 街 25
地址（韓文）／서울시 마포구 와우산로 29 바길 25
電話／+82（0）2-2667-0001
營業時間／11：30 ～ 22：30（最後點餐 21：30）
交通／弘大入口站（2 號線）8 號出口，步行約 4 分鐘。

金剛部隊鍋 麻浦廣興倉店
킹콩부대찌개마포광흥창점

　　INFINITE 的 L，有次在自己的 Instagram 上傳了一張坐在擺放了部隊鍋的餐桌前，吃到一半的照片。他還拿著湯匙凝視鏡頭，電力十足！這間部隊鍋，就是連鎖的金剛部隊鍋。而他造訪的，則是麻浦區的廣興倉店。

　　雖然是「鍋」，但這間店是一個人也可以吃的喔，在韓國算滿難得的（通常一般店家都得點兩人份），而且泡麵、白飯都是吃到飽（一人份的話，沒有吃到飽）。

　　老實説，Fion 並不喜歡吃部隊鍋，覺得那是一堆速食煮成一鍋的料理。火腿、香腸、罐頭豆子……感覺不是什麼健康食物，比不上我們臺灣的小火鍋厲害。不過金剛部隊鍋的味道還算順口。而且裡面有加馬鈴薯、豆腐、起司、牛肉（雖然是碎肉），好吧！我掏錢掏得心甘情願一點了。而且無限供應的拉麵，上面佈滿黑色細粉。原來這是有黑豆成分的拉麵，感覺比一般拉麵健康一些。

　　兩人一起來的話，可以點套餐來吃。不過我覺得炸豬排條有一股油耗味，不建議點這個。不然就是放進去煮，不要直接吃（但煮過的話又不脆了，真是兩難）。

　　廣興倉店離弘大區域很近，從地鐵站走過來也不遠，而且一出店面右手邊就是公車站牌，可以直接搭 7013A/7013B 到 INFINITE 宿舍所在的合井站（7013A 的話，6 站後下站；7013B 則是 7 站後下車），很適合來這裡吃完飯後再去合井站晃晃！

怎麼走

1 從 4 號出口出來後，往回走。

2 大十字路口左轉直走。

3 第 1 個路口左轉，再直走 50 公尺左右即可看到。

金剛部隊鍋 麻浦廣興倉店 킹콩부대찌개마포 광흥창점

地址（中文）／首爾市麻浦區土亭路 197

地址（韓文）／서울시 마포구 토정로 197

電話／+82（0）2-6012-9677

營業時間／10：00 ～ 22：00

交通／地鐵廣興倉站（6 號線）4 號出口，步行約 4 分鐘。

大海食堂 바다식당

　　INFINITE 似乎頗喜歡吃部隊鍋，除了前面所介紹的金剛部隊鍋之外，大海食堂也是他們曾經被韓國網友目擊的部隊鍋餐廳。大海食堂開業於 1972 年，是間超過 30 年的老店，這裡賣的是「詹森湯」（존슨탕），算是部隊鍋的進階版。跟部隊鍋一樣有香腸、午餐肉等材料，但詹森湯裡沒有泡菜，用的是高麗菜，這可讓 Fion 開了眼界（畢竟韓國人對泡菜的愛是很驚人的）。而且湯頭是用牛骨熬的，所以味道很有層次，不像一般部隊鍋常只有泡菜的酸味。

　　原來這間店的老闆以前在德國生活，當時在德國沒有泡菜可吃，所以他只能用當地食材來料理。牛骨湯頭加上高麗菜的蔬菜甜，比一般部隊鍋費工多了。

　　我平常不愛吃部隊鍋，總覺得是廉價食材的組合。但這間我一吃就喜歡，湯頭很好喝，裡面的香腸和午餐肉都「肉味」十足，是在其他地方沒吃過的口味。而且菜又清甜好吃，雖然湯頭微辣（但不是泡菜那種酸辣），但極下飯。

　　大海食堂也是許多名人愛造訪之處，牆上可以看到許多藝人的簽名，包括 GD、劉亞仁、池城夫婦……等。知名的韓國「虛勢」主廚崔賢錫，也曾在節目上表示：「不管帶誰來這間店，都不會失敗。」

　　這裡大部分是本地顧客，較少觀光客造訪，菜單是純韓文，幸好牆上有大圖片可參照著點菜。進入店內以前是脫鞋子坐地板，現在則改成有桌椅，但還是要脫鞋子。

怎麼走

1 從 1 號出口出來後步行約 5 分鐘，遇到 Audi 汽車右轉。

2 遇到五岔路口，請選左邊數來第 2 條巷子。

3 走個幾步就看到了。

大海食堂 바다식당

地址（中文）／首爾市龍山區梨泰院路 49 街 18

地址（韓文）／서울시 용산구 이태원로 49 길 18

電話／+82（0）2-795-1317

營業時間／12：00 ～ 22：00（第 1、3 個週一公休）

交通／6 號線漢江鎮站 1 號出口，步行約 8 分鐘。

食生泡菜三層肉 먹삼김치삼겹살

　　這間南優鉉家人所開的烤肉店，歷經多次遷址、開門關門，現在搬到普門站繼續營業。店裡一如往常擺有許多南優鉉的照片、海報，還有粉絲送的周邊。新址是 2015 年年底才開幕，在舊店址時，聽說南優鉉偶爾會去，遇到粉絲也願意簽名。

　　網路上很多粉絲說店內食物味道普通，所以我也沒抱什麼期望前去。但吃的時候覺得還不錯，雖然不是驚人的美味，但算是好吃的烤肉。比較特別的是小菜有蘋果沙拉，頗為清爽。另外烤肉會附上杏鮑菇和馬鈴薯，馬鈴薯被豬肉所逼出的油給煎熟之後，外脆內軟，十分好吃。

怎 麼 走

1 從 8 號出口出來後往回走，接著馬上右轉。

2 再直走幾步即可看到。

食生泡菜三層肉 먹삼김치삼겹살

地址（中文）／首爾市城北區普門路 105-1

地址（韓文）／서울시 성북구 보문로 105-1

電話／+82（0）2-923-5399

營業時間／14：00～01：00

交通／地鐵普門站（6 號線）8 號出口，步行 2 分鐘。

　　　（7 號出口預計要 2017 年才完成施工，不然從 7 號出口出來直走即可。）

石串洞炒年糕 석관동떡볶이

　　在這間餐廳吃飯吃到一半，忍不住想說：「感謝INFINITE 讓我有機會吃到這麼多美食。」真的，若不是他們，不愛炒年糕的我，永遠不會踏進這間店。這是 INFINITE 在《SHOWTIME》》第 6 集裡出現的店家。東雨、優賢和 L 因為玩遊戲輸了，所以被派去跑腿買食物，而他們來到的店就是位於水逾站的分店（這間炒年糕是連鎖店）。

　　店家很貼心，做了大海報，把無限吃的料理直接做推薦，粉絲照著點來吃就行。我吃了牛肉蓋飯（로스비프덮밥；Beef Bibimbap）（韓幣 3500 元，約臺幣 105 元）和 4 種起司暴彈年糕（콰트로치즈폭탄떡볶이；Quatro Cheese Topokki，韓幣 8000 元，約臺幣 240 元）。

　　牛肉蓋飯偏醬燒口味，但微微帶點辣，很合臺灣人的口味。飯上還有各種生菜絲，把飯、肉、醬汁、生菜全部拌在一起，就變成味道更有層次的拌飯（生菜之中綠色的是紫蘇葉，有特殊香氣，有些人不喜歡）。起司年糕就像它的名字一樣，起司多到爆炸，幾乎要跟年糕呈現一比一的局面。而且年糕是外軟內微硬，連口感都有多層次的變化，是我吃過的年糕中前 3 名好吃。

　　隔壁桌常來這間店的韓國阿揪西說，這裡的魚板湯也很棒！至於傳統紅紅的辣炒年糕，雖然有點辣，但很好吃，所以他還是泛著淚把它全部吃光了（不過這位阿揪西有說自己平常就不太能吃辣）

　　這裡的位子不多，大概只能坐 20 位客人。而且因為現點現做，所以出餐速度有點慢（我是在平日下午四點多去的，座位幾乎全滿，點完餐等了 10 分鐘）。但是實在很好吃，是 Fion 會想把其他菜單全吃過一輪的美味。

　　這間水逾站分店其實離無限的經紀公司有點遠（從公司開車過來要 30 分鐘），離經紀公司很近的弘大、新村明明就有分店，想來應該是這家店比較適合拍攝。而當天他們的座位也是特別經過安排，不是原本的樣子。雖然有置入性行銷的嫌疑，但我覺得這行銷做得好！因為這間店真的好吃啊！

1 從 7 號出口出來直走，第 1 個路口右轉。

2 走到第 2 個路口，右手邊的轉角即是。

石串洞炒年糕 석관동떡볶이

地址（中文）／首爾市江北區道峰路 87 街 14

地址（韓文）／서울시 강북구 도봉로 87 길 14

電話／+82（0）2-993-1674

營業時間／12：00 ～ 24：00

官方網站／https：//www.sukdduck.co.kr/

交通／地鐵水逾站（4 號線）7 號出口，步行約 1 分鐘。

　　如果只是想吃吃看，沒有一定要到 INFINITE 來過的同一間店的話，也可以去離 Woollim 最近的弘大店。

石串洞炒年糕 석관동떡볶이弘大店資訊

地址（中文）／首爾市麻浦區遊樂廣場路 127-1

地址（韓文）／서울시 마포구 어울마당로 127-1

電話／+82（0）2-3142-0290

營業時間／12：00 ～ 22：00

交通／地鐵弘大入口站（2 號線）9 號出口，步行約 11 分鐘。

怎麼走／9 號出口出來直走，第 1 個路口左轉。走到第 2 個路口左轉，靠左邊直行約 1 分鐘即可在左手邊看到。

Common Ground 커먼그라운드

    Common Ground 是一間外表像用貨櫃堆疊而成的賣場，2015 年時開幕就立刻成為當紅的新景點，很多人愛來這裡，和藍色的貨櫃拍照，怎麼拍都好看。而 INFINITE 在《SHOWTIME》第 3 集就來到這裡拍攝，吃飯、喝咖啡、逛街，把賣場整個玩透透。

    他們大快朵頤的餐廳，是在 Market Hall 3 樓的義式餐廳 Analog Kitchen。原本我打算放棄這間，幸好最後有來，因為這裡的提拉米蘇好好吃！

    INFINITE 在這裡吃了各種義大利麵，包括紅醬、奶醬、蘑菇義大利麵。我點了他們也有吃的番茄義大利麵 （아라미아따，tomato pasta），雖然好吃但有點辣，跟一般紅醬味道不同。而且裡面竟然放有培根和年糕，老實說我覺得沒有很搭，但整體而言是好吃的。令我驚豔的是他們的 House Wine 和提拉米蘇。一般餐廳的 House Wine 容易因保存不佳而走味，但他們家的 House Wine 竟如剛開瓶般充滿香氣。而一般吃到的提拉米蘇都是冰過的，比較硬，而且偏甜，起司味淡。但這裡的提拉米蘇似乎是現做，口感是流動的，不需要在嘴中化開，而且有明顯起司味。我覺得是吃過的提拉米蘇中排前 3 名好吃。

　　原本以為這又是一間普通的韓國義式餐廳,沒想到竟如此美味。而他們的漢南本店也常有明星造訪,包括 G-Dragon、朴寶劍都曾去過,建大 Common Ground 是他們的第二間分店。如果來 Common Ground,我很推薦來這間餐廳一訪!

Common Ground 커먼그라운드
地址(中文)╱首爾市廣津區阿且山路 200
地址(韓文)╱서울시 광진구 아차산로 200
官方網站╱https://www.common-ground.co.kr/
交通╱地鐵建大入口站(2 號、7 號線)6 號出口,步行約 1 分鐘。
怎麼走╱從 6 號出口出來直走 1 分鐘即可看到。

Analog Kitchen
地址(中文)╱Common Ground Market Hall 3 樓
電話╱+82(0)2-2122-1265
營業時間╱11:00 ~ 22:00(最後點餐時間 21:00)
官方網站╱https://analogkitchen.com

仁昌辣炒章魚 인창쭈꾸미

　　東雨家開的這間餐廳，連不追星的朋友都大力稱讚，她說：「雖然有點遠，但我願意再來！」（朋友住在新村，到這裡搭車要 1 小時。）

　　這間餐廳在東雨出道前就開了，在當地頗有名氣，很多當地人都會去吃。東雨的父母平常都會在店裡，東雨的姊姊們偶爾也會來幫忙。據說東雨幾乎每次演唱會結束的隔天，都會回餐廳。（不知是不是因為忙演唱會很久見不到家人？）東雨的父母很懂粉絲的心，要找他們照相是絕對歡迎的喔！常去的粉絲 Sakichiba 說：「東雨全家都待人親切且很有愛心，每次去都覺得受寵若驚。」

　　店裡除了有非常多東雨和其他成員的大海報之外，還有簽名、公仔、各種照片，可以說是琳琅滿目，如果你是東雨的飯，來首爾一定得把這間店排進行程。不過，真的滿遠的⋯⋯

　　店家很貼心，準備了各國語言的菜單，因為常有各國粉絲來，店員們都很習慣，所以不會韓文也不用擔心。除了一定要點招牌的辣炒章魚之外，五花肉和蒸蛋也都值得一吃！（一開始會送一鍋蒸蛋，想再吃的話可加點）不過辣炒章魚頗辣，請先作好狂喝水的心理準備。

▲ 食物照片由 Sakichiba 提供。

怎麼走

1 從 3 號出口出來後往右直走。

2 第 3 個路口左轉。

3 第 1 個路口右轉。

4 接著直走到底即可在右手邊看到。

仁昌辣炒章魚 인창쭈꾸미

地址（中文）╱九里市建元大路 34 號街 15

地址（韓文）╱경기 구리시 건원대로 34 번길 15

電話╱＋82（0）31-551-7004

營業時間╱11：30 ～ 22：00

交通╱地鐵九里站（京義中央線）3 號出口，步行約 7 分鐘。

國家圖書館出版品預行編目資料

歐巴，我來了！：韓國 6 大人氣男團 99 個首爾
追星蹲點 x 撞星美食全攻略 / Fion 著. -- 初版.
-- 臺北市：平裝本，2016.08
　　面；　公分 . -- (平裝本叢書；第 441 種)(iDO
; 87)
ISBN 978-986-92911-5-6（平裝）
1. 旅遊 2. 韓國首爾市

732.7609　　　　　　　　　　　　105012726

平裝本叢書第 0441 種

iDO 87

歐巴，我來了！

韓國 6 大人氣男團 99 個首爾追星蹲點 x 撞星美食全攻略

作　　者—Fion
發 行 人—平雲
出版發行—平裝本出版有限公司
　　　　　台北市敦化北路 120 巷 50 號
　　　　　電話◎ 02-2716-8888
　　　　　郵撥帳號◎ 18999606 號
　　　　　皇冠出版社（香港）有限公司
　　　　　香港上環文咸東街 50 號寶恒商業中心
　　　　　23 樓 2301-3 室
　　　　　電話◎ 2529-1778　傳真◎ 2527-0904

總 編 輯—龔橞甄
責任編輯—陳怡蓁
美術設計—程郁婷
著作完成日期— 2016 年 4 月
初版一刷日期— 2016 年 8 月

法律顧問—王惠光律師
有著作權 · 翻印必究
如有破損或裝訂錯誤，請寄回本社更換
讀者服務傳真專線◎ 02-27150507
電腦編號◎ 415087
ISBN ◎ 978-986-92911-5-6
Printed in Taiwan
本書定價◎新台幣 350 元 / 港幣 117 元

● 皇冠讀樂網：www.crown.com.tw
● 皇冠Facebook：www.facebook.com/crownbook
● 小王子的編輯夢：crownbook.pixnet.net/blog